家族のための

はじめての

認知症

専門医がゼロから教える病気・介護・サービス

ガイド

相生山ほのぼのメモリークリニック

松永慎史

編著

中央法規

認知症かな？ と思ったら

Part
1

1

同じ話を何度もする

 先生、うちの母、最近変なんです……

どうしましたか？

 何度も何度も同じ話をするし、しょっちゅう物を失くすし……。もしかして、認知症なんじゃないかと思っているんです

それは心配ですね。ご家族が異変に気づくことは、とても大切ですよ

 もし、認知症だったらどうしよう……

いろいろと不安になりますよね。まずは本当に認知症の可能性があるかどうか、身近なサインを確認してみませんか

要チェック！　認知症サイン

この前、友達と温泉に行ったのよ〜それでね……

あれ、この話さっきも聞いたな

　記憶力が低下してくると、同じ話を何度もしたり、同じ質問を何度もしたりすることがあります。

　本人が、同じ話をしていることや、同じ質問を繰り返していることに**気づいていないとき**は、認知症に注意が必要です。話したことや、質問したことを忘れているかもしれません。

 ## 似ている病気

　うつ病（p.64 参照）や**不安障害**の人も、心配になり何度も同じ質問をすることがありますが、その場合は質問したことを覚えていることが多いです。

 ## 認知症サインの判断

　聞いている側は、「その話、さっきも聞いたわよ！」などと言いたくなりますが、同じ話や質問でも、初めてかのように聞いてみてください。特に、**短い時間で同じ話を何度もしたり、同じ質問を繰り返したりする**ようなら、認知症の可能性が高くなります。

3

探し物が増える、物を盗られたと言う

要チェック！ 認知症サイン

預金通帳は
どこへいったの
かしら？

最近、
よく探し物を
しているな…

　記憶力が低下すると、自分で置いた場所を忘れてしまい、財布、保険証、家の鍵、預金通帳など、探し物が増えることがあります。

? 可能性のある認知症

　記憶力の低下しやすい**アルツハイマー型認知症**で多くみられる症状ですが、レビー小体型認知症や、血管性認知症などほかの認知症でもみられる症状です。

✓ 認知症サインの判断

　加齢による記憶力の低下でも、置いた場所を忘れることはありますが、**自分で片づけたということ自体を忘れていたり、見つからないため、誰かが盗んだ（もの盗られ妄想）と考えてい**たりするようでしたら、認知症に注意が必要です。

3

冷蔵庫のなかに異変がある

要チェック！　認知症サイン

あれ、
賞味期限切れの食品や、
同じ物がたくさん
入っているぞ…

　冷蔵庫をのぞくと、賞味期限切れの食品や、腐った食品がたくさんあったり、卵や納豆など同じ物がたくさん入っていたり、冷凍保存の物が冷蔵室に入っていたりすることがあります。

 認知症サインが出る理由

　記憶力が低下し、買ったことを忘れて同じ物を購入しているかもしれません。また、見当識の障害で、賞味期限がわからなくなったり、判断力の低下で、冷凍と冷蔵の判断ができなくなっていたりするかもしれません。

 認知症サインの判断

　特に、もともと几帳面に冷蔵庫を片づけていた人の場合は、認知症に注意が必要です。

　食品のほかに、スリッパ、歯ブラシ、リモコンなど冷蔵庫に関係ない物が片づけられている場合は認知症の可能性が高いです。

KEYWORD 「見当識」とは？
時間、場所、周囲の人、状況などを正しく認識する能力。

5

道に迷う

要チェック！　認知症サイン

あれ、
ここはどこ
だろう…？

お父さん、
コンビニに買い物に行く
と言っていたけど、全然
帰ってこないな…

　健康な人でも、慣れない場所へ行くときには、道に迷うことがありますが、見当識（時間や場所などを認識する能力）が低下すると、近所でも道に迷うことがあります。

❓ 可能性のある認知症

　道に迷うことは、アルツハイマー型認知症で多くみられる症状です。レビー小体型認知症や、血管性認知症でもみられることがあります。

✓ 認知症サインの判断

　近所のスーパーや美容室など、**普段通い慣れていた場所に行くとき**に、道に迷う場合は認知症に注意が必要です。

5

知らない人が家にいると言う

要チェック! 認知症サイン

さっき、知らない男性が椅子に座っていたんだけど、どなた?

そんな人いたかしら…

家族には見えない人物が、本人には実在するように見えることがあります。

 認知症サインが出る理由

幻視（何もないところに人や動物が見えたりする）、錯視（ハンガーにかかっているコートを人と見間違えたりする）、誤認（同居している家族を他人と誤って認識する）、妄想（いない人がいると信じている）などの可能性があります。

 似ている病気

幻視、錯視、誤認、妄想はレビー小体型認知症に多くみられる症状です。また、せん妄といって、身体の病気や薬の影響による一時的な意識障害でも幻視や妄想がみられることがあります。ほかにも精神的な病気でみられることがあります。

6
夜中に大きな寝言を言う

要チェック！　認知症サイン

あっち行けー!
わー!

悪い夢を
見ているのかな。
最近よくうなされて
いる…

　寝ているときに大声を出す、寝言を言う、手足をばたばたさせるなど、夢のなかの行動と同じ行動がみられることがあります。

認知症サインが出る理由

　夢を見ているとき（レム睡眠のとき）、普通は身体は自由に動きません。しかし、レビー小体型認知症の特徴の一つである、**レム睡眠行動障害**では、夢を見ているときに身体が動き、夢と同じ行動をとる症状がみられます。

認知症サインの判断

　レム睡眠行動障害は、レビー小体型認知症の発症前や初期の症状として注目されています。健康な人でも、寝言を言うことはありますが、寝ているときに**大きな声で叫んだり、手足を動かしたり**することが増える場合は、注意が必要です。

7

言葉が出にくい

要チェック! 認知症サイン

あれを買ってきてくれない? 丸いこれくらいの……

?

最近、言葉が出てこなくなったなぁ

　日常でよく使う言葉が出てこず、「あれ」「それ」などの代名詞が増えたりすることがあります。

 可能性のある認知症

　アルツハイマー型認知症や前頭側頭葉変性症などの認知症では言語機能が低下することがあります。

 似ている病気

　言語の機能が低下する原因として、ほかに脳梗塞や脳出血、脳腫瘍などの病気があります。特に、脳梗塞や脳出血は、急にしゃべれなくなり、言葉が出なくなったりします。これらの疾患は、早期治療が大切なため、なるべく早く医療機関に受診しましょう。

なんだか元気がない

要チェック！　認知症サイン

以前は毎日
釣りに行っていたけど、
最近は1日中
家にいて、
元気がないわ…

　やる気が低下し、以前は楽しんでいた趣味や活動をしなくなることがあります。

 認知症サインが出る理由

　やる気が低下した状態を、**無気力・無関心（アパシー）**と呼んでいます。アパシーによって、着替えや入浴など身のまわりのことも自発的にやらなくなることもあります。

似ている病気

　うつ病によっても、気分が落ち込み、やる気がない状態になることがあります。ほかにも、元気がない場合は、**甲状腺機能低下症**や、**心不全**など身体の病気の可能性もあり、注意が必要です。

うつ病とアパシーの違い

うつ病とアパシーは、ともに、元気がなく興味も低下しますが、以下のような違いがあります。

うつ病	アパシー
● 気分の落ち込みがみられる ● 不安、食欲低下、不眠など、ほかにも精神的な症状がみられる ● 本人が苦痛を感じ、困っている	● 気分の落ち込みはない ● 何事にも無関心が目立つが、ほかに精神的な症状が少ない ● 本人はあまり困っていない

ワンポイントメッセージ

　　認知症の初期はどんな症状があるのか知識がないと、同居していても気づきにくく、遠方にいて会う機会が少ないと発見が遅れ、かなり進行している場合もあります。

　　両親が65歳以上になったら、時々は帰省して、生活を観察してみるのもよいと思います。また、早期の場合、本人が症状を自覚し、不安を訴えることもあります。その際は、否定せず、医療機関への受診を勧めるとよいと思います。

1 日常生活を観察してみよう

認知症のサインはいろいろあるんですね。
母親に当てはまるものがいくつかある気がします

少しでも参考になったようなら、よかったです。
そういえば、ほのぼのさん。
最近、お母様に会ったのはいつですか？

えーっと。去年はお盆も年末も帰っていないし、一昨年
のゴールデンウィークかな……？

意外と会える機会って少ないですよね。もし、タイミン
グが合えば、直接会って、生活の様子をさりげなく確認
してみるのがおすすめですよ

実は、再来週、久しぶりに実家に帰ろうと思っていたん
です！
どんなところを確認したらいいですか？

訪問した際の生活の様子を確認してみよう

久しぶりに家族が訪問したとき、本人は比較的しっかりした様子で、問題なく過ごせる人も多いです。認知症の初期段階では、取り繕うこともできるので、**短時間一緒にいるだけでは変化は感じにくい**かもしれません。できれば本人の話を聞きつつ、実際の生活状況に目を向けてみましょう。

「さりげなく」確認しよう

いきなり家の隅々までチェックしたりすると、本人を嫌な気持ちにさせてしまうかもしれません。

違和感なく確認するには一緒に台所でおしゃべりしながら「調味料を出すよ」と言って冷蔵庫を開けてみるなど、「さりげなく」行うことがポイントです。

生活の様子の変化を見よう

訪問した際、家族が無理のない範囲で部屋を片づけてみて、再び訪問したときに生活の様子を確認してみてください。その場は取り繕えても、普段の積み重ねは、日常生活に映し出されます。**生活環境の変化を注視することは、今後の支援につなげる最初の一歩です。**

暮らしのチェックポイント

- ✓ 玄関や部屋から臭いがする
- ✓ 部屋の空気が淀んでいる
- ✓ 冷蔵庫に消費期限切れの食材がある
- ✓ 要冷蔵の食材が外に出たままになっている
- ✓ お皿やコップがベタベタする
- ✓ 前回受診した際にもらった処方薬がほとんど残っている
- ✓ ゴミの分別がきちんとできていない

- ✔ カレンダーが1か月以上めくられていない
- ✔ 車にぶつけたりこすったりした傷跡がある、または増えている
- ✔ 脱いだままの服が無造作に置いてある
- ✔ 家のあちこちから小銭が見つかる
- ✔ 薬が引き出しや食卓などあちこちで見つかる
- ✔ 郵便物などが開封されていない

2

生活の様子を1日～1週間単位で見てみよう

　認知症の症状は、**1日のなかで変化が大きい**ものです。日によって様子が大きく異なる人もいます。「週1回程度、いつも午前中に訪問していたけれど、夕方の変化に気づかなかった」という家族の声もよく聞きます。

　認知症の初期症状としてもの忘れがあっても、認知症によるものなのか、加齢によるものなのか、わかりづらい場合が多いです。もしかしたら本人も自分の変化に違和感を覚え、不安を感じているかもしれません。

 時系列で観察してみよう

　一度客観的にこれまで当たり前にできていると思っていたことをリセットして、本人の様子を時系列で観察してみてはいかがでしょうか。**数日～1週間程度**を一緒に生活することが可能であれば、様子はより深く見えてくるかもしれません。

 異変を見逃さない

　チェックポイントを参考に、家事（買い物・掃除・洗濯・料理・ゴミの分別やゴミ出し等）ができているか、趣味や習い事、決まったお出かけを忘れることなくこなしているかなど見てみましょう。「あれ？」と感じた異変を、なるべく早くキャッチするために、アンテナはしっかりと張っておきたいですね。

生活リズムチェックポイント

朝

- ☑ 朝ごはんを準備して食べていますか
- ☑ 歯みがきはできていますか
- ☑ 気温に合った服に着がえられていますか
- ☑ 洗顔やひげそりはできていますか
- ☑ 起きたとき、朝だと認識できていますか
- ☑ しっかりと眠れた様子ですか

昼

- ☑ 日中どんなふうに過ごしていますか
- ☑ 掃除や洗濯はできていますか
- ☑ 趣味はありますか
- ☑ 昼寝はしますか
- ☑ 昼寝から起きたとき、朝だと思っていませんか
- ☑ 買い物に行けていますか

夕方

- ☑ 夕方からそわそわして落ち着きがない様子はありませんか
- ☑ 夕食はいつごろから準備していますか

夜

- ☑ お風呂は入れていますか
- ☑ 夜は眠れていますか
- ☑ 夜中何度も起きていませんか
- ☑ 夜中起きていた場合の様子はどうですか
- ☑ 大きな寝言を言う、夢を見て暴れるなどありませんか
- ☑ 夢と現実が混同していることはありませんか

1週間でのチェックポイント

- ☑ ゴミ出しの日はわかっていますか
- ☑ 分別は市町村等のルールに合っていますか
- ☑ ゴミ出しの場所まで問題なく行けますか
- ☑ 趣味や習い事、サークルなど、決まった約束事に行けていますか

17

3
どこに相談する?

母親の日常生活を改めて確認すると、やっぱり気になるところがありました。なんだか漠然とした不安でいっぱいです

そうですよね、不安ですよね

誰かに相談してみたいけど、詳しい人もいないし……

地域には、気軽に相談できる機関もありますよ

うーん、本当に親身になってくれるのかな? 相談料がかかったりするんでしょう?

相談できる場所はいくつかありますので、目的に応じて選ぶとよいかもしれません。無料で相談できるところも多いですよ

そうなんですね、どんな機関があるんでしょうか?

地域包括支援センター

　地域包括支援センターは、**高齢者の総合的な相談窓口**です。住まいや医療、介護、生活の支援、認知症高齢者への支援など幅広い相談を受けつけています。**市町村等**が設置主体です。市町村等の委託を受け、社会福祉法人や社会福祉協議会、医療法人等が運営している場合もあります。

 ## 専門職が相談対応

　地域包括支援センターの職員は、**保健師・社会福祉士・主任介護支援専門員**という医療や福祉、介護の資格をもったプロフェッショナルで構成されています。

 ## 相談は無料

　相談は無料です。さまざまな生活の問題を関係機関と協力し、解決方法を一緒に考えてくれる心強い場所です。地域包括支援センターがどこにあるかは、お住まいの**市町村等に確認く**ださい。

KEYWORD　　「主任介護支援専門員」とは？
主任介護支援専門員は、ケアマネジャーの実務経験が十分にあり、必要な研修の修了者。新人ケアマネジャーの育成や個別ケースへの柔軟な対応ができます。

地域包括支援センターで相談できること（愛知県名古屋市の場合）

最近、
親のもの忘れが
気になってきて……

近所の
高齢者を最近
見かけなくなったので
不安

介護保険って
どう申請
すればいい?

もしかしたら
親が詐欺被害に
あったかも
しれない……

近所に
認知症の人が
集まれる場所は
ある?

認知症を
受診するには
どんな医療機関が
ある?

認知症に
なったらどんな
サービスを利用
できる?

ワンポイントメッセージ

　　介護やサービスの利用が必要になる前に地域包括支援センターに相談しておくことで、本人についての相談履歴が登録され、何か問題が起きたときに迅速な対応に結びつく足がかりになります。世帯や家族の状況（遠方に在住など）、現在の生活の概要、本人の様子で心配なことなどを地域包括支援センターに伝えておけば、後々にも役立つかもしれません。

センター長 A さんからメッセージ

　　「地域包括支援センター」というと「何をしているところかわからない」「相談するのに敷居が高い」と思う人も多いかもしれません。「地域包括支援センター」は介護サービスを使わないと相談できないという機関ではありません。ちょっとした困りごと、これからの生活や健康に関する不安など、高齢者の身近な相談にのる機関です。

　　「もの忘れがひどくなってきた」「何回も同じことを聞くようになった」など、あれ？　おかしいな？　と思うところがありましたら、気軽にご相談ください。医療機関のご案内や介護サービスの利用など、さまざまなアドバイスができると思います。

　　ご本人だけでなく、ご家族、友人、ご近所さん、どなたからでもご相談を承ります。また、直接訪問するのが難しい場合、お電話でもご相談できますし、ご自宅へも訪問しますよ。

市町村等の相談窓口

　市町村等の相談窓口では、認知症に関する幅広い困りごとに対応しています。特に、認知症の人や家族への支援体制をつくる役割をもつ**認知症地域支援推進員**（以下、推進員）が配置されており、認知症に関する相談にのってくれます。

 推進員は相談のプロ

　推進員に話を聞いてもらうことで、具体的に必要な支援につながり、支援の輪が広がります。相談支援を行う推進員は、高齢福祉課や介護保険課などの窓口（担当課の名称は自治体によって異なります）、保健センターなどにいます。

 知りたい情報を得られる

　市町村等の窓口では各種パンフレットや資料、**認知症ケアパス**が用意されています。具体的な相談がない場合も、「ここに相談すればいいのか」と前もって在住の市町村等の仕組みを確認しておくだけで、いざというときに焦らずに対応できます。

KEYWORD

「認知症ケアパス」とは？
認知症ケアパスは、認知症に関するお住まいの地域の情報を認知症の人や家族向けにまとめたもの。認知症では？　と心配になったり、診断を受けたりしたとき、いつ、どこで、どのような医療や介護サービスが受けられるか、認知症の症状に合わせたケアの流れを紹介しています。

\ Column /

民生委員─地域の身近な相談相手

　民生委員は、地域住民（高齢者や障害者、子どもなど）を対象とした、見守りや声かけ、家庭訪問、地域住民からの課題の聞き取りや相談対応などを行う厚生労働大臣から委嘱された人です。任期は3年で、相談を受けたら支援・調整・情報提供を行ってくれます。

　民生委員への相談は、介護や福祉、医療に関することから、生活費や年金、生活環境の話まで多岐にわたっています。

　民生委員自身も地域住民のため、相談内容がほかの住民に知られたりしないか心配な人もいるかと思いますが、民生委員には守秘義務があり、秘密は厳守されます。地域のことに精通している人が多く、相談内容によっては、必要に応じて地域包括支援センターなど支援が行えるところにつないで、具体的な支援の糸口をつくってくれます。

　民生委員へ相談したいときは、（支援を受ける人が）在住の市町村等の窓口に連絡し、担当の人がわかったら、一度電話などで連絡してみてください。時には民生委員から家族に連絡をとりたいと考えている場合もあります。

　ただ、連絡の際一つご注意ください。民生委員は地域の心強い協力者ですが、一住民です。近所に住んでいるがゆえに、時間にかかわりなく、いろいろな対応を迫られて困るという民生委員の話も聞きます。過度な相談には気をつけたいものです。

　市役所や地域包括支援センターに出向いて相談することが難しい人、地域のなかで家族を一緒に見守ってくれる人が欲しい人は、一度相談してみるのもよい方法だと思います。

先日、近くの地域包括支援センターで話を聞いてもらって、少し安心しました！

少し安心されたようでよかったです。
お疲れさまでした

先生、それでやっぱり病院でしっかり診断を受けてみたいと思うのですが、どこに行けばいいのかわからなくて……

最近は、もの忘れ外来や認知症外来などいろいろあって、わかりにくいですよね。それぞれの診療科の特徴などを踏まえながら、３つのステップで医療機関や医師の選び方を説明してもよろしいでしょうか？

はい、ぜひお願いします！

STEP 1　まずは、かかりつけ医・認知症サポート医

　かかりつけ医がいる人は、まずは**かかりつけ医**の先生に相談するのがよいと思います。かかりつけ医の先生の多くは、地域医療に詳しいので、本人・家族の症状に合った医療機関を紹介してくれるでしょう。

　近隣の**認知症サポート医**の先生に相談するのも一つです。認知症サポート医とは、認知症の診療に詳しく（必ずしも専門医というわけではありません）、専門医療機関との連携の推進役にもなってくれる医師のことです。未公開の地域もありますが、自治体や医師会のホームページで、認知症サポート医の名簿を見ることができます。

　かかりつけ医がいない人や、認知症サポート医の先生が近隣にいない人は、STEP 2に進んでください。

STEP 2　認知症の「専門外来」を探す

　最近は、「もの忘れ外来」「認知症外来」など、専門外来が増えているので、この二つのキーワードでインターネット検索をすると、近隣の専門の医療機関が探しやすいと思います。

　また、認知症の**家族会**（認知症の人と家族の会）のホームページからも、地域のもの忘れ外来を探すことができます。**地域包括支援センター**へ相談するのも一つです。近隣の専門外来を紹介してくれると思います。

　少しハードルが高いかもしれませんが、家族会や**認知症カフェ**を利用してみるのもおすすめです。参加している人から、通院している医療機関の評判など生の声を教えてもらえることもあります。

STEP 3-① 医療機関を選ぶ

　認知症を診療する専門外来がいくつか見つかっても、どこを選べばよいのか迷うことと思います。専門外来をもつ医療機関には、クリニック・診療所、総合病院、大学病院、認知症疾患医療センターなどさまざまな種類があります。選ぶ際のポイントを以下のとおりまとめましたので、参考にしてください。

通院できそうか？

　認知症の診断のために受診する場合、診察、検査、結果説明の3回程度の受診が必要です。その後、かかりつけ医に治療をお願いすることもできます。しかし、精神的・身体的に不安定なときは、専門科への通院が必要な場合があります。そのため、通院可能な**距離**、**外来日・外来時間**かなど注意が必要です。

必要な検査が院内でできるか？

　認知症の診断には、少なくとも脳の**CT検査**や**MRI検査**が必要です。院内で検査できない医療機関ですと、ほかの医療機関へ検査を受けに行く必要があり、受診の負担が増えることがあります。

受診に紹介状が必要か？

　総合病院や大学病院ですと、**紹介状**が必要となることが多いです。事前に確認しましょう。

医師以外にどんな職種がいるか？

　医師以外にも、家族をサポートしてくれる、**心理士、看護師、精神保健福祉士**がいるかも選ぶ目安になります。特に、認知症関連の制度に詳しい精神保健福祉士がいると安心です。

STEP 3-② 　医師を選ぶ

　専門外来のなかから選ぶ際、その専門外来の医師の**得意分野を知る**こともポイントです。認知症を専門とする先生の、主な診療科は、精神科、脳神経内科、脳神経外科、老年内科などがあります。それぞれの科の特徴は、表のとおりです。本人・家族の症状や心配している病気によって、どの診療科が合うか検討するとよいでしょう。

精神科	精神症状の治療が得意（妄想、幻覚、怒りっぽい、気分が落ち込むなど）
脳神経内科	脳からくる身体症状の治療が得意（歩行の障害、手が震える、身体の動きが悪いなど）
脳神経外科	脳の外科的治療が得意（脳出血、慢性硬膜下血腫、正常圧水頭症、脳腫瘍など）
老年内科	高齢者の内科疾患全般の治療が得意

専門医資格があるかも確認

　医師が認知症の**専門医資格**をもっているかもポイントになります。認知症の専門医資格には、主に日本認知症学会の専門医と日本老年精神医学会の専門医があります。どちらもホームページから専門医を検索できます。

日本認知症学会ホームページ
URL：https://square.umin.ac.jp/dementia/g1.html

日本老年精神医学会ホームページ
URL：http://www.rounen.org/

医療機関・医師の選び方チャート

Question

かかりつけ医、認知症サポート医がいる

↓ YES   ↓ NO

かかりつけ医、認知症
サポート医がいる病院へ

専門外来を探す
「もの忘れ外来」「認知症外来」

▼

専門外来のなかから選ぶ

チェックポイント

☑ 通院できるか?

☑ 必要な検査が院内でできるか?

☑ 多職種がいるか?

☑ 受診に紹介状が必要か?

☑ 医師の診療科は何か?

☑ 医師は専門医資格をもっているか?

ワンポイントメッセージ

　インターネットではさまざまな情報を検索できますが、どの情報が信頼できるかを判断することが大切です。地域包括支援センター、家族会、認知症カフェなどを利用すれば、実際の医療機関の評判が得られると思います。時間の許す範囲で上手に情報を集めて、ご本人・ご家族に合った医療機関を探しましょう!

5

本人が受診に消極的な場合はどうする？

近くに認知症専門医の先生がいるクリニックがあったので、そこに行きたいのですが……

どうしましたか？
何か心配なことがありますか？

実は、母親がクリニックに行くのは嫌だと言って聞かないんですよ

そうだったんですね。お母様も知らないところへ行くのは不安なのかもしれないですね

認知症は早期治療が大切って、パンフレットに書いてあったので、早く連れて行きたいんですけど……

お母様のことが大切だからこそ、焦りますよね。
一緒にどんな方法があるか考えていきましょう！

身近な人の手を借りる

　まずは、身近な人に相談してみましょう。「早く受診させたい」と焦って説得しても、本人の気持ちは動きません。普段は本人とかかわる機会の少ない兄弟姉妹や孫などに相談して、誘ってもらうと意外とうまくいくこともあります。かかりつけ医に相談して、認知症以外の受診の際に勧めてもらうのもよいでしょう。

✓ 市町村等によるもの忘れ検診

- 市町村等で行われているもの忘れ検診に誘ってみるのも一つの手です。
- もの忘れ検診を受け、客観的に自分の状況を知ることで、専門医に行く動機づけになることもあります。
- 無料で実施している自治体もあります。

✓ 地域包括支援センターによるもの忘れ相談

- p.19 で紹介した地域包括支援センターでも医師によるもの忘れ相談を実施していることがあります。
- 受診よりも心理的なハードルが低くなりやすいです。

医療機関への相談

　認知症疾患医療センターをはじめ、医療機関によっては、家族が前もって相談できる窓口を設置しているところもあります。

　「嫌がる本人をどうやって受診させたらよいか」「診察、検査、結果、説明、治療はどのような流れになるのか」「症状に対してどう対処したらよいか」など事前に相談することで、受診への不安を軽減することができます。

家族相談のポイント

- 事前に**受診方法**や**症状への対処**についての相談ができる
- 医師、精神保健福祉士、看護師など専門職と相談できる
- 家族相談は**自費（保険適用外）**の場合もある
- 診断や薬の処方は、本人が受診しなければできない

KEYWORD
「認知症疾患医療センター」とは?
認知症疾患医療センターとは、都道府県や政令指定都市が指定する病院等に設置され、認知症の診療や相談、地域との連携、認知症の啓発活動などを行う専門医療機関のこと。

認知症初期集中支援チームに相談

　どうしても本人が受診を拒み、受診につながらない場合、市町村等が設置する認知症初期集中支援チームに相談するのも一つです。

　認知症初期集中支援チームは、医療・介護の専門職（保健師、看護師、社会福祉士等）と認知症の専門医で構成されます。家族等から相談があった場合、認知症が疑われる人とその家族の自宅を訪問し、現状の評価や介護についての相談など初期の支援をします。

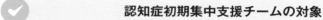

認知症初期集中支援チームの対象

　40歳以上で、在宅で生活しており、かつ認知症が疑われる人または認知症の人で以下のいずれかの基準に該当する人

1) 医療サービス、介護サービスを受けていない人、または中断している人で以下のいずれかに該当する人

　（ア）認知症の診断を受けていない人
　（イ）継続的な医療サービスを受けていない人
　（ウ）適切な介護保険サービスに結びついていない人
　（エ）診断されたが介護サービスを中断している人

2) 医療・介護サービスを受けているが認知症の行動・心理症状の対応に苦慮している人

ワンポイントメッセージ

　認知症初期集中支援チームは、多くの場合、地域包括支援センターに設置されています。困った際は相談してみましょう。

Part
2

診断を受けたら

1 受け入れるまでのプロセス

 先日、母と病院に行き、検査を受けた結果、母は初期のアルツハイマー型認知症だという診断を受けました

そうでしたか。大変だったと思いますが、何とか受診できたのですね

 はい、ありがとうございます。でも、覚悟はしていたものの、いざ、認知症という診断を受けたら、やっぱりショックで……

ショックですよね。まさか自分の親が、というお気持ちでしょうか

 まさにそのとおりで。しっかり者の母親が認知症だなんて、正直受け入れたくないというか……

お気持ちを教えていただき、ありがとうございます。実は、認知症であることを受け入れるまでに一定のプロセスがあるといわれているんですよ

人はいつか最期のときがくる

　両親や配偶者には、いつまでも元気でいてほしいと思いたいですが、必ずお別れのときがやってきます。認知症になると、少しずつ記憶を失い、できていたことができなくなり、最期を迎えます。中島京子さんの小説「長いお別れ」のなかで、アメリカの校長先生が、認知症のことを「long goodbye」と表現するシーンがありますが、まさにそのとおりだと思います。

多くの人は認知症になる可能性がある

　日本の研究では、65歳以上の約15％が認知症と推計されています。また、年をとればとるほど、認知症になりやすくなり、95歳を超えると男性の約51％、女性の約84％が認知症になると推計されています。そのため、私たちは、長生きすれば、**いずれ認知症になるものと覚悟**して、備えておいたほうがよいのです。しかし、いざ家族が認知症になると、そのことを受容することは難しいですよね。

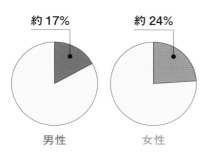

80代前半の認知症の人の推計

約17％ 男性　約24％ 女性

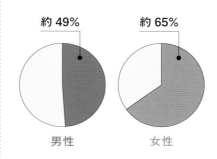

90代前半の認知症の人の推計

約49％ 男性　約65％ 女性

資料：朝田隆「都市部における認知症有病率と認知症の生活機能障害への対応」（厚生労働科学研究費補助金認知症対策総合研究事業）2013年をもとに作成

受容の4つのプロセス

　家族が認知症になった場合、家族が受け入れるまでに4つのステップがあるといわれています。

第1ステップ
とまどい・否定

家族が認知症を発症したことにとまどい、認知症だと認めたくない時期

第2ステップ
混乱・怒り・拒絶

認知症への対応がわからず混乱したり、何度言っても思いどおりにならず怒りを感じたり、介護することを拒絶したくなる時期

第3ステップ
割り切り・諦め

病気だから仕方ないと割り切り、できないことがあっても仕方ないと諦められるようになる時期

第4ステップ
受容

認知症の家族や自分自身、認知症という状態そのものを受け入れられる時期

ワンポイントメッセージ

　　認知症を受け入れるには、**認知症について学び、認知症を知ることが**1番大切です。

　　認知症にはどんな病気があるのか、認知症の人の視点からはどう見えているのか、症状にどう対応したらよいか、本書でもお伝えしますが、それ以外にも本を読んだり、インターネットで調べたりして幅広い知識をもつといいと思います。

＼ Column ／

物語を通して、認知症を知る・受容する

　　最近は、認知症をテーマにした小説が増えています。物語を通して、本人・家族の苦悩と受容、進行するなかでともに生きることへの感動を感じるのもよいと思います。

おすすめの小説

○「長いお別れ」（文藝春秋）　中島京子
　中学校の校長だった父が認知症となり、その家族がとまどいながらも父と向き合っていく作品。

○「百花」（文藝春秋）　川村元気
　母子家庭で育った息子と認知症を発症した母。母の隠された思いや、記憶を失っても忘れなかった息子との思い出が明かされる作品。

○「老父よ、帰れ」（朝日新聞出版）　久坂部羊
　施設に入所する認知症の父を、自宅で介護すると決意した主人公。反対する妻、地域住民とのトラブルを通し、主人公の心の変化がリアルに描かれた作品。

2
本人への告知

先生、実はまだ、母親には、認知症であることを伝えていないんです。私自身、ショックだったこともあって、伝えるべきか悩んでしまって……

確かに、悩むところですよね

でも、隠しているのもよくないような気がして。思い切って、伝えたほうがいいと思いますか？

認知症であることを本人にお伝えするのは、メリット、デメリットがあるので、一概には決められない……というのが正直なところです

そうですよね。どんなメリット、デメリットがあるのでしょうか？

告知すべきかどうかは状況次第

　一般的に、病気を告知する目的は、病気を理解してもらうこと、そしてどのような治療を選択していくべきかを考えてもらうことにあります。患者さんには、病気を知る権利があり、告知は必ずしたほうがいいという考え方もあります。

　ただ、実際に、認知症の人に告知すべきかどうかは、白黒つけることが難しい問題です。告知には以下のような、メリットとデメリットがあります。

◎ メリット	✕ デメリット
● 病気を自覚できることがある（自覚できないこともある） ● 本人が納得して治療を受けることができる ● 本人が将来に対して、どう行動するか考えることができる	● 進行性の病気で治療法も少なく、精神的に不安定になることがある ● 本人が精神的に不安定になった際、家族もその対処に困惑することがある ● 病気であることを理解できず、認知症のはずはないと、治療を拒否することがある

告知の実際

　私自身は、告知する際、多くの場合、まずは年をとれば誰でも**認知症という状態に近づいていくこと**を説明します。そのうえで、現在の状態を、「認知症」という言葉をできる限り使わずに説明します。また、「病名を告知」しなくても、患者さんへ「今の状態」を伝えて理解してもらえれば、治療、生活、将来について、一緒に考えていくことができることもあります。

　参考までに以下に、私が考える告知したほうがよい人、告知しないほうがいい人について記載します。

 告知したほうがよい人

　軽度認知障害の人
　若年性認知症の人
　初期の認知症の人
　病気を理解し、今後の方針や自身の将来について自分で考えていくことができる可能性が高い人

告知しないほうがいい人

　精神的に不安定な人
　認知症が進行しており理解することが難しい人

ワンポイントメッセージ

　受診の際は、事前に医師やスタッフに告知についての希望を伝えておくとよいと思います。

3

頼れるものに頼ろう

 結局、母親に認知症であることを伝えたら、本人がどのくらい理解しているかわからないけど、案外すんなりと受け入れてくれました

お疲れさまでした。きっとほのぼのさんの伝え方もよかったのだと思いますよ

 ありがとうございます。ただ、これから母親の認知症が進行していくことを考えると夜も眠れなくて……

不安な気持ちになりますよね。具体的にはどんなことを考えると、眠れなくなりますか?

 もう、いろいろですよ。介護のこと、お金のこと、自分の仕事のこと……。はぁ。つい、ため息が出ちゃいます

ほのぼのさんは、お母様のことを一生懸命に考えているのですね。ただ、一人で抱え込まないでくださいね

45

神経質になりすぎない

　家族が認知症になると、「頑張って治してあげたい」「できることをすべてやってあげたい」「親孝行をしてあげたい」などさまざまな思いをもちながら介護がスタートします。時には、仕事を辞めたり、同居をはじめたりと、自分自身の生活を犠牲にして介護を選ぶ人もいます。

　認知症の介護は長く続くため、家族は神経質になりすぎないことも必要だと思います。私は、**介護する家族の健康とその生活**が大切であることを伝えるようにしています。

こんな人は要注意

完璧主義の人

完璧にできない自分を
責めたり、手抜きができず
疲労がたまったり、時には
周囲へも完璧を求め、
人間関係を悪くしてしまう
こともあります。

責任感の強い人

どんなにつらくても
自分が頑張らなければと
自分を追い込んでしまう
ことがあります。

頼れるものはたくさんある！

　認知症の介護は、自分一人で頑張るのではなく、**頼れるものにはどんどん頼る**ことが大切です。家族、親族、地域包括支援センター、ケアマネジャー、かかりつけ医の先生、デイサービス、ショートステイ、訪問看護、家族会、認知症カフェなど、利用できるものはできる限り利用しましょう。

　認知症の介護は、どんなに勉強しても、なかなか教科書どおりにはうまくいかないことも多いです。そんななかで、一人で介護を抱え込むと、疲弊して体調を崩したり、イライラして認知症の本人に当たってしまったりと、悪循環になってしまうことがしばしばあります。そのため、周囲の人にお願いできることはお願いし、**自分自身のプライベートな時間を確保すること**がとても大切です。

ワンポイントメッセージ

　繰り返しになりますが、何よりも大切なのは介護者の健康とその生活です。自分自身の健康な生活が維持できる無理のない範囲で、どんな支援ができるか考えましょう。できれば、自分のできる範囲の60％程度での支援が望ましいと思います。認知症の介護にはハプニングがつきものです。**余力を残して支援することがとても大切です。**

1 認知症とは?

介護を頑張らなきゃ! と少し自分で自分を追い詰めていたかもしれません。ほどほどに頑張ります

もうすでに十分頑張っていらっしゃると思いますよ。遠慮せずいつでもヘルプを出してくださいね

はい。ありがとうございます。
先生、早速なんですけど、認知症、認知症とずっと認知症の話をしていたわけですけど、よく考えたら、認知症のことをほとんど知らなくて

なかなか知る機会も少ないですよね。改めて、認知症のことを説明させてもらってもいいですか?

はい、ゼロから教えてください!

認知症は状態像

　「認知症とアルツハイマーは同じですか？」とよく質問されます。誤解されやすいのですが、認知症とは、「いったん正常に発達した知能や認知機能（記憶力、言語能力、判断能力など）が低下し、日常生活に支障をきたした状態」を指します。

認知症の原因

　「認知症（状態）」の原因として、アルツハイマー型認知症が多いのですが、ほかにもレビー小体型認知症、血管性認知症など原因となる病気はたくさんあります。

認知症の原因疾患の内訳

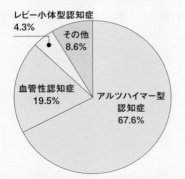

レビー小体型認知症
4.3%

その他
8.6%

血管性認知症
19.5%

アルツハイマー型認知症
67.6%

資料：朝田隆「都市部における認知症有病率と認知症の生活機能障害への対応」（厚生労働科学研究費補助金認知症対策総合研究事業）2013年をもとに作成

軽度認知障害

　軽度認知障害は、認知機能の低下はあるものの、日常生活には支障がない状態を指します。
　軽度認知障害は認知症の予備軍です。認知症へできる限り進行しないように予防することが大切です。

2
アルツハイマー型認知症

　アルツハイマー型認知症は認知症の原因として最も多い病気です。もの忘れを主体として、徐々に日常生活でできていたことができなくなっていきます。

原因

　アルツハイマー型認知症の原因は、**アミロイドβ**と**タウ**というタンパク質が脳に蓄積し、脳細胞に障害をきたすと考えられています。40歳〜50歳頃からゆっくりとアミロイドβとタウは脳に蓄積していきますが、症状が出るのは20年以上後です。

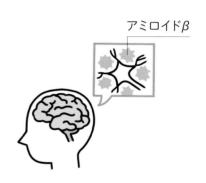

アミロイドβ

主な初期症状	進行後の症状
● 同じ話を何度もする ● 物を置いた場所を忘れる ● 最近の記憶が保てなくなる ● もの盗られ妄想	● 家事や買い物など日常生活でできていたことがうまくできなくなる ● 着替えや排泄など身近な行動もできなくなる ● 一般的な余命は10年〜15年前後

治療

現在のところ、アルツハイマー型認知症の進行を止める治療はありません。原因の一つと考えられている、アミロイド β というタンパク質を取り除き、進行を遅らせる新薬の開発が現在も進行中です。

薬物療法

- 進行を遅らせる薬
  コリンエステラーゼ阻害薬（ドネペジル、ガランタミン、リバスチグミン）
  NMDA受容体拮抗薬（メマンチン）

薬以外の治療

- 運動
- 知的活動（脳を使う活動）
- 音楽療法　など

KEYWORD　「もの盗られ妄想」とは？
自分が物を置いたこと自体を忘れ、物が見つけられないと他人に盗られたのではないかと思い込む症状。

51

3
レビー小体型認知症

　レビー小体型認知症は、さまざまな症状がみられます。もの忘れだけでなく、1日のなかで症状の変化が大きかったり、幻が見えたり、身体の動きが悪くなったりします。夜間に大声を上げたりするなど睡眠中に症状が出たりすることもあります。レビー小体型認知症はもの忘れの症状が初期には軽いことが多く、ほかの病気と診断されることも少なくありません。

原因

　神経細胞のなかに、α-シヌクレインを主成分としたタンパクのかたまり（**レビー小体**と呼ばれています）ができ、神経細胞に障害をきたすことが原因と考えられています。レビー小体は、脳だけでなく、**全身の自律神経**にもあらわれ、さまざまな症状の原因となります。

症状

認知機能の低下	もの忘れ、注意力、判断力の低下など
認知機能の変動	はっきりとした時間帯とぼんやりとした時間帯がある
幻視	人や動物など、実際にはいないものが見える
運動症状	手足が震える、身体がこわばる、動作がゆっくり、小刻み歩行など
レム睡眠行動障害	睡眠中に大きな寝言を言ったり、あばれたりするなど
自律神経の症状	頑固な便秘、立ちくらみ、頻尿など
抑うつ	気分が落ち込み、やる気がなくなるなど
嗅覚障害	臭いがわかりづらくなる

　症状の出方には個人差があり、必ずしもすべての症状があらわれるわけではありません。

　最近の研究では、レム睡眠行動障害、自律神経の症状、抑うつ、嗅覚障害が**発症前にみられやすい**ことが報告されています。

治療

　現在のところ、レビー小体型認知症の進行を止める治療はありません。原因の一つと考えられている、**α-シヌクレイン**をターゲットとした新薬の開発が進められています。

薬物療法

- 進行を遅らせる薬
  ドネペジル
- 幻視に有効な薬
  抑肝散（漢方）
  抗精神病薬
- 運動症状に有効な薬
  抗パーキンソン病薬　など

薬以外の治療

- 運動（運動症状には、特に身体を動かすことが大切）
- 知的活動（脳を使う活動）
- 音楽療法　など

ワンポイントメッセージ

　　レビー小体型認知症は症状が多彩で本人・家族ともに苦労することがあります。そんな本人・家族のために「レビー小体型認知症サポートネットワーク」という団体があり、地域ごとに交流会を行っています。ぜひ参加してみてください。

レビー小体型認知症サポートネットワーク
URL：http://dlbsn.org/

4
血管性認知症

血管性認知症は、脳の血管障害による認知症です。どの年齢でも発症することがあります。障害のある脳の部位によって、さまざまな症状があらわれます。

原因

脳の血管が詰まる脳梗塞や、脳の血管が破裂する脳出血、脳の血流不足や低酸素状態などが原因となります。動脈硬化の原因となる、高血圧、糖尿病、脂質異常症などの生活習慣病や、血栓ができやすくなる不整脈、喫煙などが血管性認知症のリスクとなります。

主な症状

感情失禁	感情のコントロールがうまくいかないなど
認知機能の低下	もの忘れ、注意力、実行する能力、処理速度、言語機能の低下など
意欲の低下	挨拶しても返事をしない、身だしなみを気にしないなど
抑うつ	気分が落ち込み、やる気がなくなるなど

治療

　血管障害の原因への治療、リスクへの対処が主な治療法になります。高血圧、糖尿病、脂質異常症の治療や、血栓を予防する薬による治療、禁煙、運動や食生活などの**生活習慣の改善**も大切です。

　血管性認知症は、その後の脳の血管障害を予防できれば、進行を防ぐことができます。ただし、なかには、脳の血管障害が段階的に起きて、進行することがあります。

ワンポイントメッセージ

　血管性認知症とアルツハイマー型認知症は合併しやすく、アルツハイマー型認知症の治療薬が有効な場合もあります。

5

前頭側頭葉変性症

前頭側頭葉変性症は、前頭葉や側頭葉の機能の低下によって起きる認知症です。発症年齢は **40代〜60代** と若くして発症することが多いのも特徴です。

原因

タウタンパクや TDP-43、FUS と呼ばれる異常なタンパクが溜まり、神経細胞に障害をきたすことが原因と考えられます。

症状

常同行動	毎日決まった道を散歩する、毎日同じ時間に同じ行為を行うなど
脱抑制	衝動や感情を抑えられなくなり、万引きや交通違反など社会のルールを守れない自分本位な行動をとるなど
無関心、自発性の低下	挨拶しても返事をしない、身だしなみを気にしないなど
共感性の欠如	家族と泣いたり笑ったりするなど情緒的な交流が減ったり、葬式中に笑うなど場にそぐわない言動をしたりするなど
食行動の変化	甘い物や味の濃い物ばかりを食べる、毎日同じ物ばかりを食べるなど
言語の障害	物の名前が出てこない、単語の意味がわからない、言葉がスムーズに出ないなど

症状に応じた3つのタイプ

①前頭側頭型認知症

常同行動、脱抑制、無関心、自発性の低下、共感性の欠如などが目立つタイプ。無関心や無気力などから症状が出はじめ、徐々にほかの症状もあられてきます。

②意味性認知症

物の名前が出てこない、単語が理解できないなどの言葉の障害が目立つタイプ。進行すると、徐々に前頭側頭型認知症と同様の症状があらわれていきます。

③非流暢性失語症

言葉がスムーズに出ない、文法どおりに話せないなどの言葉の障害が目立つタイプ。進行すると、徐々に前頭側頭型認知症と同様の症状があらわれます。

ワンポイントメッセージ

　　前頭側頭葉変性症の初期は、認知機能や日常生活に問題なく、認知症と気づかないことも。規則を破るなど行動の変化や物の名前が出ないなど会話の変化に注意が必要です。

治療

現在のところ、前頭側頭葉変性症の進行を止める治療はありません。保険適応のある治療薬もありません。

薬物療法

- 進行を遅らせる薬はない
- 行動障害に、**セロトニン再取り込み阻害薬**が効果のある場合がある

薬以外の治療

- 行動障害のある人には、**ルーチン化療法**※
- 言語機能の障害がある人には、**言語療法**※

※ルーチン化療法
毎日決まった時間に出かけて万引きするなどの場合、問題行動が起きる時間帯に、デイサービスに通う、折り紙やパズルなど趣味の時間をつくる、などほかの行動に置き換える取り組み。

※言語療法
日常よく使う言葉や物の名前を写真と一緒に覚える練習をしたりします。デイサービスやデイケア、訪問リハビリテーションで言語療法が受けられる場合があります。

認知症にもいろいろな種類があるんですね

そうなんです。原因疾患や症状を考慮し、ご本人に一番合う治療法を考えていきたいですね

ちなみに、認知症でなくても、もの忘れや注意力の低下など認知症に似たような症状が出る病気もあるんですよ

 えっ、そうなんですか！　それは知りませんでした

認知症と異なり、治療をすると症状が改善することが多いのが特徴です

 なるほど。具体的にはどんな病気なんですか？

簡単に代表的なものを紹介しますね

正常圧水頭症

原因 ···

　脳を循環する髄液の流れが悪くなることで生じます。

症状 ···

　実行する能力や注意力・処理速度の低下を主体とした認知機能障害、歩幅が狭くなる・すり足・足を開きぎみで歩くといった歩行障害、頻尿や失禁など排尿障害がみられます。

治療 ···

　髄液の流れをよくするシャント術を行うと、症状が改善・軽減することがあります。

甲状腺機能低下症

原因 ···

　甲状腺はのど仏の下にある臓器で、甲状腺ホルモンをつくっています。甲状腺ホルモンは身体の代謝を盛んにするホルモンです。高齢者（特に女性）は、甲状腺ホルモンが低下することがしばしばあります。

症状 ···

　無気力、集中力が下がる、うとうとする、疲れやすい、むくみやすいなどがみられます。

治療 ···

　甲状腺ホルモンを内服することで、症状を改善できます。

慢性硬膜下血腫

原因 ....

　頭をぶつけた後などに、脳を覆う硬膜と脳との間に、ゆっくりと血液が溜まることで生じます。

症状 ....

　もの忘れ、注意力の低下、自発性の低下、歩行障害、頭痛、めまい、吐き気、身体の動きが悪くなるなどの症状があらわれます。無症状の場合もあります。

治療 ....

　血腫を手術で取り除くことで、症状が改善することが多いです。

てんかん

原因 ....

　脳卒中の後遺症、脳腫瘍、認知症などにより起こることがあります。

症状 ....

　全身や身体の一部がけいれんすることがあります。また、けいれんを伴わず、ぼーっとしたり、部分的に記憶がなくなったりするなど記憶障害を伴うことがあります。

治療 ....

　てんかんの薬で症状をコントロールできることが多いです。

薬剤性の認知機能障害

原因 ……………………………………………………………………………

　① **抗コリン作用をもつ薬剤**（一部の抗パーキンソン病薬、過活動膀胱治療薬、一部の抗うつ薬、一部の胃薬など）、②**ベンゾジアゼピン系の睡眠薬・抗不安薬**、③**ステロイド**などは、認知機能障害をきたすことがある薬剤として知られています（原因となる薬はほかにも多数あります）。

症状 ……………………………………………………………………………

　もの忘れ、注意力の低下、判断力の低下など。

治療 ……………………………………………………………………………

　服薬の中止により、症状が改善することがありますが、絶対に自分の判断で薬を中断しないでください。

ワンポイントメッセージ

　薬が認知機能障害の原因と考えられる場合でも、**自己判断で薬を中断すること**はやめましょう。勝手に中断すると治療している病気が悪くなり、取り返しのつかなくなることもあります。
　週刊誌やインターネットで、薬の副作用ばかりに焦点を当て、読者の不安を煽り、本来の薬の効果にほとんどふれない記事をしばしばみかけます。気になる場合は、まずはその薬を処方してくれている医師に相談してみましょう。

7
認知症と間違いやすい精神的な病気

うつ病

　高齢になると、パートナーや大切な人との別れ、退職や子育ての終了など社会や家庭での役割の喪失、加齢に伴う身体の衰えなど、喪失感を味わうことが増え、うつ病を発症することがあります。

　症状として気分が落ち込む、興味が湧かない、食欲がない、眠れないなどありますが、高齢者の場合は身体の不調（頭痛、めまい、しびれ、耳鳴りなど）を訴える人も多いです。

　高齢者のうつ病は、意欲や思考力が低下し、ぼーっとしていたり、もの忘れが増えたりするため、認知症と勘違いされやすいです。

✔ うつ病と認知症の違い

　認知症は、もの忘れの自覚がなく、症状を否定することが多いですが、うつは「忘れやすくなり認知症になった」と自覚したり、物事を悲観的にとらえたりしやすいです。

　また、認知症とうつ病は合併しやすいことにも注意が必要です。

✔ うつ病の人への支援

● 高齢者のうつ病の注意点は、活動が低下し、体力が落ちやすいこと、将来への希望がもてず、自殺リスクが高いことです。

● うつ病が疑われる場合は、早期に医療機関へ受診しましょう。

妄想性障害

　妄想とは、現実ではないことを確信していることです。例えば、「私は国家の秘密組織に監視されている」など、ほかの人はあり得ないと考えることを、本人は確信し、訂正することはできません。妄想性障害は、こういった妄想が持続してみられる状態です。

　妄想性障害で多い妄想のタイプは、「隣人に嫌がらせをされている」などの被害妄想や、「パートナーが浮気している」と思い込む嫉妬妄想です。よく似た病気には思春期から30歳ぐらいまでに発症しやすい統合失調症という幻聴や妄想、思考の障害などがみられる病気もありますが、妄想性障害は中高年以降の女性に発症することが多く、妄想がその症状の主体です。

 妄想性障害と認知症の違い

　認知症でも妄想はみられ、もの盗られ妄想（被害妄想の一種）が多いですが、被害妄想や嫉妬妄想がみられることもあります。

　認知症と妄想性障害の一番の違いは、認知機能の障害があるかないかです。妄想性障害の人は、認知機能が健常であることがほとんどです。

 妄想性障害の人への支援

● 妄想性障害は、自分が病気であるとは思っていないため、なかなか受診してくれません。
● 本人が受診を嫌がる場合は、受診の仕方について医療機関と事前に相談するのも一つです。

せん妄

　「元気だった母が、入院した途端にぼーっとしてしまい、ぼけてしまった」といった場合はせん妄であることが多いです。

　せん妄は、**意識障害**の一つです。脳や身体の病気、薬などが原因で一時的に意識障害をきたし、**注意力が低下**し、**もの忘れ**が目立ったり、ぼーっとしたり、**幻覚**、**妄想**、**不安**などの精神的な症状がみられたりします。せん妄は、年齢問わず、病気で入院した際によくみられます。特に高齢者の場合は、風邪にかかったり、薬が変わったりするだけでもなることがあります。

✓ せん妄と認知症の違い

　認知症の多くは**ゆっくりと**症状が進行しますが、せん妄の場合は、**急に症状が**あらわれます。また、認知症は回復しないことが多いですが、せん妄はその原因の改善とともに、**回復して**いきます。

✓ せん妄の人への支援

- 原因への治療・対処が大切です。
- 薬物療法として、原因となる**薬の服用の休止**や適切な**抗精神病薬の投与**があります。
- 安心できる環境をつくるために、時計やカレンダーを設置したり、日中はできるだけ起きて過ごせるように促すことも有効です。

安心して暮らすために知っておきたいこと

1

認知症の人の気持ちを知ろう

この前、母からはじめて「お金盗んだ？」と聞かれてしまいました。認知症のせいだってわかってますけど、やっぱり傷つきますね

疑われると悲しいですよね

はい。「そんなことするわけないでしょ！」と思わず怒ると、余計疑われてしまって……

そうだったんですね。日常のなかでの対応って、難しいですよね

どういう対応をすればよかったんだろう……とついつい頭のなかでぐるぐる考えてしまいます

正解があるわけではないですが、認知症の人の気持ちも考えながら、一緒によい対応方法を考えてみませんか？

「なぜ？」がわかるとラクになる！

　認知症の人の行動は、家族からすると理解できないことも多いかもしれません。「お金を盗んだと言われる」「食べられないものを食べる」など、不可解な行動にイライラしたり、疲弊したりすることもあるかもしれません。

　しかし、認知症の人の行動には理由があります。認知症の人の視点に立ち、その人の脳の機能障害、性格や生活歴、体調などを理解することで、認知症の人の行動に隠された理由がわかるかもしれません。その行動の理由がわかれば、本人の気持ちに寄り添ったケアができ、本人も家族も暮らしやすくなります。

認知症の人を理解する視点

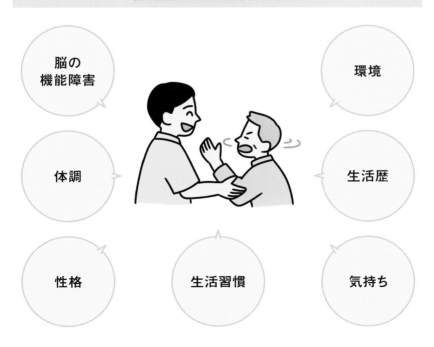

脳の
機能障害

環境

体調

生活歴

性格

生活習慣

気持ち

2
何度も予定を確認される

 本人の気持ち

- 初めて聞くのに何で怒るのだろう。
- わからないことが多くて不安。

 家族の気持ち

- さっき話したばっかりなのに、なんで同じことを聞くの？
- 予定の確認ばかりされて自分のことが何もできない。

なぜそうなるの？

　記憶障害から、話した内容を覚えておくことが難しくなり、何度も同じことを確認することがあります。特に認知症の初期は、もの忘れを自覚していて、忘れていく自分に不安を感じ、何度も確認してしまうことがあります。

よくない対応

　本人にとっては初めて聞くことなので、介護者が「何度も聞かないで」と言うと「自分は何回も聞いてしまっているのか……」と自尊心が傷ついてしまいます。こういったやりとりは、本人にも家族にもいい影響はなく、互いの関係性が悪化してしまう場合もあります。

 よい対応

● **不安に思っていることを確認する**

→傾聴しながら、不安に思っていることを確認してみましょう。「予定を間違えて迷惑をかけたらどうしよう」と不安に思っている人もいます。共感しつつ、「大丈夫ですよ」と安心させるような声がけをしましょう。

● **本人がいつも気にして見る場所（カレンダーや時計の近くなど）や、視線の向く先に予定を書いて示しておく**

→不安になったときに目に入り、自然と予定を確認することができて安心感につながります。

● **予定はなるべく本人に書いてもらう**

→家族が書くよりも、本人に書いてもらい、自分で書いたことを認識してもらうほうが、より安心することができます。

ご飯を食べたのに、食べさせてくれないと言われる

本人の気持ち

- お腹が空いたのに、なんで何も食べさせてくれないの？
- 意地悪しているのでは？

家族の気持ち

- さっきあんなに食べたばかりなのにまた食べるの？
- 食べちゃダメって言うと怒るし……。
- こんなに食べて大丈夫？

なぜそうなるの？

　記憶障害から食べたことを忘れてしまうことがあります。また、認知症になると満腹中枢の機能が低下し、食事をしても満腹感が得られず、何度も食事をしたいと訴えるようになることがあります。

KEYWORD　「満腹中枢」とは？
脳内にある満腹感をコントロールする中枢神経。食事によって血糖値が上がることで満腹中枢が刺激され、食欲が満たされます。

よくない対応

　「さっき食べましたよ」とか「食べたこと、忘れたの？」と言うと本人の自尊心を傷つけます。また、食べたという指摘に対してなんで自分が覚えていないのか不安や恐怖を感じたりすることがあります。

よい対応

- 食事が終わった後の食器をしばらくそのままにして、食事をしたことが認識できるようにする

- 食事についての一言日記（食事のメニューや感想など）をつけて、振り返りができるようにする
- 空腹感が強い場合は、果物や低カロリーのものを準備して時々勧める
- １日３食という概念をやめて、１日５食にするなど食事の回数を増やす

→１回の摂取カロリーを減らして調整することが必要です。

- 服用している薬を見直す

→服用している薬の種類によっては、食欲が増すものもあります。処方している医師に相談することも必要です。

- 本人の言動を否定することなく、「準備するので待っていてくださいね」「私もまだですよ。お腹空きましたよね」と伝える

→話している間に気分転換ができれば、本人も安心して、イライラや落ち着きのなさが軽減するかもしれません。

4

同じものを何度も買ってくる

 本人の気持ち

- いつも食べる○○がないわ、あれを買っておかなくちゃ！
- 家族のために○○を用意しておかなくちゃ。

 家族の気持ち

- 冷蔵庫のなかが同じ物だらけ。
- こんなに同じ物ばかり買ってきて、どうして？家が物でいっぱいで、汚くなる。

なぜそうなるの？

　記憶障害から、家に何があるのか、何が足りないのかを覚えておらず、必要だと感じる物を何度も買ってしまうことがあります。

よくない対応

　家族のために、と購入していることもあるため、頭ごなしに注意すると、本人を傷つけることがあります。

よい対応

- 買ってきてほしいものをメモに書き、「いつもの〇〇はまだあるけど、〇〇が足りなくなってきたから買ってきてほしい」「〇〇の買い物をお願いしてもいい？」など本人を頼って依頼しているという声のかけ方をする
→本人の「やりたい」という気持ちを尊重しながらかかわることが大切です。
- 同じ場所で購入する場合、お店にも協力してもらい「来週のほうがお値打ちになりますよ」「今日はご家族が購入されていきましたよ」などとさりげなく言ってもらう

ワンポイントメッセージ

　認知症の進行とともに、いずれ買い物ができなくなる日が来るかもしれません。そうなるまでの間、「家族のために買い物に行ってくれている」「買い物に行くことで、身体も脳もリハビリになっている」など、考えをプラスに切り替えるのも重要です。

5

夕方に、家に帰ると言って出かけてしまう

 本人の気持ち

- 家に帰りたい、子どもに夕食をつくらないと！
- ここはどこだろうか。そろそろ家に帰らないと。

 家族の気持ち

- 知らない間に家から出て行くから目が離せない。
- 行かないでと言っても静止がきかなくてイライラする……。

なぜそうなるの?

　夕方頃になると、自宅にいるのに「自宅に帰ります」とどこかへ出かけようとすることがあります。認知症になると、見当識障害から、今どこにいるのかがわからなくなったり、記憶障害から若かった頃の生活に感覚が戻ってしまい、「子どもに夕食をつくるので帰らなくちゃ」と行動してしまうことがあります。

よくない対応

　今いる場所が自宅であると認識できないため、安易に引き留めようとすると、興奮したり、怒ったりすることがあり注意が必要です。

よい対応

- 「一緒に家に帰りましょう」などと声をかけて、適度に散歩してから自宅に帰る
- 「1人で行きたい」と出かけた場合は、距離を保ちながら追いかける。ある程度経ってから、偶然会ったように声をかけ、一緒に自宅に帰る
- 夕方頃に、一緒に食事の準備をする
- お茶を飲むなど気分転換を勧める

ワンポイントメッセージ

　同居していても、本人が出かけたことに気づかない場合もあります。対策として、玄関に人感センサーを付けたり、本人にGPSをもってもらったりするのも一つです。GPSは介護保険でレンタルすることもできます。

6

お金や物を盗られたと言われる

♡ 本人の気持ち

- 大事なものがなくなった。自分が失くすはずがないから誰かが盗ったんだ！
- もしかして家族が私のお金を盗ったんじゃ……。

♡ 家族の気持ち

- いつも犯人扱いされてショック！　盗っていないのになんで……。
- 精神的ストレスで逃げ出したくなる。

なぜそうなるの？

　もの盗られ妄想といって、記憶障害から、自分が置いた場所を忘れ、自分が失くすはずがないと思い、身近な人が盗んだと思うことがあります。また、もの盗られ妄想は**不安なこと**や**ストレス**が強いときに増えると考えられています。

✕ よくない対応

　「私が盗ったんじゃない」「そこにあるでしょ」など本人を蔑ろにするような言い方をすると、より疑われてしまい、もの盗られ妄想が悪化することがあります。

◎ よい対応

- **一緒に探すふりをしながら、財布や物があるものの近くへ誘導する**
- →家族が見つけてしまうと、本人に「やっぱりあなたが盗ったのね」と疑われることがあります。できる限り、本人に見つけてもらいましょう。
- **本人がいつも携帯している物は、定位置を決める**
- **いつも持って出歩くものは、常に鞄のなかに入れておく**
- **同居している家族がいる場合、家族と一緒の場所に貴重品を置く**

ワンポイントメッセージ

　もの盗られ妄想は、認知症の進行とともに減っていきます。
対応に疲れたときは、本人と距離をとることも大切です。

7

食べられないものを食べる

 本人の気持ち

- お腹が空いている。これ何だろう。どんな味がするのかな。
- 食べ物を食べているのに、なぜ止められるの？

 家族の気持ち

- なんでこんなものを口に入れるのか。汚いなぁ。
- 飲み込んで窒息したらどうしよう……。

なぜそうなるの？

　認知症になると、食べ物かどうか認識できなくなったり、判断力が低下したり、満腹中枢が正常にはたらかなくなったりして、口に入る大きさのものを食べてしまうことがあります。

よくない対応

「汚いから食べないで！」とか「それは口に入れちゃダメ！」と頭ごなしに否定すると本人の自尊心を傷つけることになります。

 よい対応

- 「こっちのほうがおいしいですよ」「これ、私好きなんですけど一緒にどうですか」など、口に入れようとしているものから意識をそらす
- 低カロリーのおやつなどを目に入る目立つ場所に置いて食べることができるよう環境を整える
- 口に入れて危険なものは置かないようにする

ワンポイントメッセージ

　万が一、電池、洗剤、タバコなど危険物を異食した場合は、急いで病院へ相談しましょう。特に、窒息のおそれがある場合はすぐに救急車を呼びましょう。

夜中に活動的で寝てくれない

本人の気持ち

- 眠くないのに無理に寝させられる。今は夜中じゃないのに……。

家族の気持ち

- 夜くらい静かに寝てよ。
- 夜中も見ていないといけないから疲れる、眠たい。

なぜそうなるの？

　認知症になると、見当識障害から、今が何時かわからなくなり、夜なのか朝なのかを判断できなくなることがあります。また、加齢に伴い睡眠時間が短くなるため、夜中（早朝）に起きてしまうことも原因の一つです。

よくない対応

　寝てくれないからといって、無理やり部屋に閉じ込めたりすると、本人を傷つけ、興奮させてしまったり、関係性が悪化したりします。

よい対応

- **時間の感覚をつける声かけをする**
→「お昼の 12 時になったから昼食にしましょう」「夕方の 18 時になったからお風呂の準備をしましょう」など時間を意識して伝えましょう。
- **日課をつくり生活リズムを整える**
→「昼食後はテレビを 1 時間見る」「その後は庭仕事をする」など毎日決まった行動を行うと、生活リズムが整い、夜に入眠しやすくなります。
- **夜に良眠するためのポイント**
→散歩や家事など日中の活動を増やしましょう。
→入浴は入眠する 1 〜 2 時間前に。
→就寝前は白湯やお茶（ノンカフェイン）を飲み、リラックスできるようにしましょう。
→お昼寝は 30 分まで。
- **家族が休むために**
→ショートステイやデイサービスを利用し家族も休養する時間をつくりましょう。

どうしても眠れない場合、**睡眠薬の服用**について医師と相談するのも選択肢です。

　睡眠薬というと、一度飲みはじめると、くせになって止められない、というイメージが強いかもしれません。これは、以前はベンゾジアゼピン系と呼ばれる、依存性 のある睡眠薬が主流であったためです。しかしながら、最近は依存性のない、**安全性の高い睡眠薬**が主流となってきています。具体的には、スボレキサント（ベルソムラ®）、レンボレキサント（デエビゴ®）、ラメルテオン（ロゼレム®）といった、依存性のない睡眠薬が広く使われています。

　また、睡眠薬を服用する場合は以下の点に注意が必要です。

- 内服のタイミングは適切か？
- 日中に眠気が残っていないか？
- 夜間トイレに起きてもふらつかないか？

　睡眠薬の副作用についても注意しながら、医師と相談し治療を進めましょう。

\ Column /

入院中の認知症の人を支援する 「認知症サポートチーム」

　最近、医療機関によっては、認知症サポートチームを設置する病院が増えています。認知症サポートチームとは、認知症専門医、認知症看護認定看護師、精神保健福祉士など多職種で構成され、病院スタッフと協力しながら、認知症の人が安心して入院生活を送れるように支援するチームのことです。具体的な活動として、認知症の人の療養サポート、退院支援、そして病院のすべてのスタッフが、認知症の人やその家族の気持ちに寄り添えるような医療が提供できるように、認知症ケアに関する教育などを行っています。

　私も認知症看護認定看護師として認知症サポートチームの活動をしています。入院している認知症の人のなかには、気づかないうちに病棟の外に行ってしまう人や、大きな声で叫んでしまう人もいます。そんなとき、認知症の人に共通することは、どこか入院に対する不安や寂しさがあるということです。実際、私たちが認知症の人の気持ちに寄り添えるようかかわると、不安や寂しさが減り、心を開いてくれて、問題とされている行動が減ることがあります。そのため、認知症の人にとって安心できる入院生活をサポートすることが、短期間で治療を終えて元の生活を送るために大切であると、日々感じています。

　そして、認知症の人が入院している期間は、家族にとっては介護を休める期間でもあります。家族が安心して休めるように、認知症の人の様子を伝えながら、入院中は安心して私たちに任せていただけるよう、チームとして日々努力しています。

藤田医科大学病院看護部　認知症看護認定看護師　**齋木由佳**

1

制度・サービスの活用前に知っておきたいこと

これから、介護が大変になったときに向けて、どんなサービスや制度が使えるのかも知っておきたいです！

あらかじめ知っておくと安心ですよね。制度やサービスの内容については、精神保健福祉士の中井さんから説明してもらいたいと思います。

はじめまして、中井です！
制度やサービスの活用のお手伝いをしながら、よりよい暮らしをサポートできればうれしいです

よろしくお願いします！　早速なんですけど、介護サービスってそもそもどんなふうに使えばいいのか……

あ、ちょっと待ってくださいね。まずは、制度やサービスを効果的に使うためにも、事前にお伝えしておきたいことがあるんです

何ですか？　教えてください！

3

どんな介護保険のサービスがある？

なるほど、サービスを利用するには要介護認定を受ける必要があるんですね

はい。ケアプランの作成まで、利用者の自己負担はありませんので、安心して認定を受けてほしいです（令和5年3月現在）

そうなんですね！　ケアプランを作成するときに、具体的な介護サービスを決めるんですよね？

はい、そのとおりです。どんな介護サービスがあるのか、代表的なものを紹介してもいいですか？

はい、お願いします。ショートステイとかデイサービスとか言葉は聞いたことあるけど、どんなサービスを受けられるのか知りたいです！

利用できる介護サービスの種類

　介護サービスは居宅サービス（地域密着型サービス（※）を含む）と施設サービスがあります。ここでは、自宅で利用する居宅サービスを中心に確認してみましょう。

こんなときに	利用できるサービス
自宅で家事や介護の手助けが欲しい	● 訪問介護（p.97） ● 訪問入浴介護
自宅でリハビリテーションや医療的支援を受けたい	● 訪問リハビリテーション ● 訪問看護 ● 居宅療養管理指導
外に出て、介護やリハビリテーションを受けたい、ほかの人と交流したい	● 通所介護（p.99） ● 通所リハビリテーション（p.101） ● 地域密着型通所介護（※） ● 認知症対応型通所介護（※）（p.99）
短期間、施設に入所したい	● 短期入所生活介護（p.103） ● 短期入所療養介護（p.103）
夜間に介護の手助けが欲しい	● 夜間対応型訪問介護（※） ● 定期巡回・随時対応型訪問介護看護（※）
自宅での介護環境を整えたい	● 福祉用具貸与　● 住宅改修 ● 特定福祉用具販売
状況に応じて利用するサービスを選びたい	● 小規模多機能型居宅介護（※）（p.104） ● 看護小規模多機能型居宅介護（※）

資料：名古屋市「支えあい育てる介護保険制度」（令和4年度版）をもとに作成

①訪問介護

　訪問介護は、自宅へホームヘルパーが訪問し、**入浴・排泄・食事の世話**や、**掃除・洗濯・調理**などを行います。

　訪問介護では**利用者本人以外への援助や日常生活の援助の範囲を超える行為等**については、サービスを受けられません。

こんなときに利用できます

☑ **体調管理が本人では難しいとき**

● 訪問時の安否確認や顔色・体調の様子や服薬確認など

☑ **排泄や入浴、食事に介助や支援が必要なとき**

● トイレ利用時の介助、おむつ交換、失禁時の対応など

● 浴室への移動、浴槽のまたぎの介助、洗身や洗髪など

● 刻み食などの準備、嚥下の観察、食事の介助など

☑ **その他**

● 体位変換、起き上がりの介助、寝具整理

● 掃除、洗濯、調理、買い物など生活支援

サービス内容やサービスを受ける時間、地域によって異なります。
例えば、要介護2の人で1日60分食事の介助などを週2回受けた場合、1か月の料金は約3000円です（自己負担1割の場合）。

ワンポイントメッセージ

　　介護保険サービスの訪問介護は家事代行ではないので、支援できない内容もあります。

できないことの例
　①**本人以外への援助**
　　● 本人以外が使う部屋の掃除
　　● 本人以外の衣類の洗濯や調理
　　● 洗車　　など
　②**日常的に行われる家事の範囲を超える援助**
　　● ペットの世話　● 草むしり
　　● 窓ガラス磨き
　　● おせち料理など手間のかかる料理　　など

　　また、要支援者や事業対象者（市町村等が実施する基本チェックリストで支援が必要と判断された人）が訪問介護（訪問型サービス）を利用する場合、**回数や時間に制限がある**場合が多いです。希望するサービス内容をリストアップして、必要なことを絞ると使いやすいです。

②通所介護・認知症対応型通所介護

　通所介護（デイサービス）では、通所介護事業所（デイサービスセンター）で**入浴、排泄、食事などの介護**、そのほか**日常生活を送るうえで必要なサービスと機能訓練**を受けることができます。通所介護事業所までの送迎はサービスに含まれます。

　認知症対応型通所介護は、認知症の人に限定した通所介護サービスです。**認知症専門のケア**を提供しており、定員 12 人以下の**少人数制**で手厚いサービスを受けることができます。

こんなときに利用できます

- ☑ 体調管理や服薬管理が本人自身では難しいとき
- ☑ 排泄や入浴、食事に介助等が必要なとき
- ☑ 外出の機会がなく、一日中家にいるとき

ワンポイントメッセージ

　本人の状態の維持・向上を目指して、リハビリテーションに特化したデイサービスもあります。レクリエーションも、ヨガ、油絵、カラオケ、外部からのお楽しみ企画などを取り入れているところもあります。

　本人の趣味や取り組めそうなプログラムのあるところをお試し利用してみるなど、本人に合ったデイサービスを探してみてください！

通所介護の流れ（例）

1日型		
送迎	8：30	車で順番に自宅までお迎え
健康チェック	9：00	
レクリエーション、入浴、機能訓練	10：00	昼食をはさんでレクリエーションや入浴、体操や機能訓練などを行います
昼食	12：00	
体操、自由時間、レクリエーション	13：00	
おやつ	15：00	
送迎	16：00	車で順番に自宅までお送り

半日型		
送迎	8：30（13：00）	車で順番に自宅までお迎え
健康チェック	9：00（13：30）	
体操、機能訓練、個別訓練	9：20（13：50）	体操や機能訓練などを行います
休憩	11：00（15：00）	
送迎	11：30（15：30）	車で順番に自宅までお送り

費用の目安

要介護度や利用時間によって異なりますが、1日あたり1000円～2000円（別途昼食代）ほどです。

③通所リハビリテーション

　通所リハビリテーション（デイケア）は、介護老人保健施設や病院、診療所などに日帰りで通い、日常生活動作のための訓練や、食事・入浴介助などの生活支援を受けられます。医師や看護師、リハビリテーション専門職がおり、**医療**や**リハビリテーション**に特化していることが特徴です。

　リハビリテーションとして、起きる・座る・立つ・歩くなどの動作の力を維持するための体操や訓練を実施し、看護師による体調管理や健康チェックもあります。

こんなときに利用できます

- 病気やケガによる退院後も、リハビリテーションを続けたい人
- 病状の進行や急変について、専門家に相談しながらサービスを利用したい人
- 衰えた身体の機能の向上を目指し、体調に合わせたリハビリテーションを受けたい人

ワンポイントメッセージ

　利用時間や個別の機能訓練、入浴の有無などが施設によって異なる場合があります。利用時間や施設の雰囲気をお試し利用や見学で確かめたうえで、利用しましょう。

（介護予防）通所リハビリテーションの流れ（例）

1日型		
送迎	8：45	車で順番に自宅までお迎え
健康チェック	10：00	
入浴、休憩、機能訓練	10：40	昼食をはさんでレクリエーションや入浴、体操や機能訓練などを行います
昼食	12：00	
体操、自由時間、グループリハビリテーション、レクリエーション	13：00	
おやつ	15：30	
送迎	16：15	車で順番に自宅までお送り

介護予防通所リハビリテーション		
送迎	9：45	車で順番に自宅までお迎え
健康チェック	10：30	
体操、機能訓練	11：00	
休憩	12：15	
送迎	13：00	車で順番に自宅までお送り

費用の目安

要介護度や利用時間によって異なりますが、1日あたり1000円〜3000円（別途昼食代）ほどです。

④ショートステイ（短期入所生活介護、短期入所療養介護）

　短期入所生活介護は、施設に短期間宿泊して、**健康チェック、リハビリテーション、レクリエーション、入浴、排せつの介助、食事の提供**などが受けられます。利用は **1 日～連続して 30 日**までです。

　短期入所療養介護の場合は、医療的な設備の整った施設等に短期間入所して、日常生活上の世話に加え、医療や看護、理学療法士による機能訓練などのサービスが受けられます。

こんなときに利用できます

- ☑ 仕事や冠婚葬祭、旅行などで家族が家を空けるとき
- ☑ 家族の体調不良で介護ができないとき
- ☑ 家族が心身の疲れで休息したいとき
- ☑ 退院後にまだ自宅での生活に不安があるとき

費用の目安

施設や居室の種類、要介護度や地域によって異なりますが、1 泊 2 日で約 4000 円～ 10000 円（自己負担1割の場合）です。

ワンポイントメッセージ

　気軽に利用できるため、連休が続く期間では予約が取りづらい状況もあります。利用の予定がある場合は、早めにケアマネジャーに相談しましょう。一部の有料老人ホームなどでは介護保険適用外の短期間宿泊を行っているところもあります。

⑤小規模多機能型居宅介護

宿泊　訪問　通い

顔なじみの職員

小規模多機能型
居宅介護事業所

　小規模多機能型居宅介護は、本人の選択に応じて、施設への「通い」、短期間の「宿泊」、本人の自宅への「訪問」を組み合わせ、日常生活の支援や機能訓練を行います。施設によって小規模多機能型居宅介護と訪問看護を組み合わせた**看護小規模多機能型居宅介護**もあります。

　小規模多機能型居宅介護を利用する場合は、小規模多機能型居宅介護のケアマネジャーが担当します。利用前に担当のケアマネジャーがいた場合は変更が必要です。

こんなときに利用できます

- ☑ 通所利用時、訪問介護時、宿泊時、いずれも顔なじみの職員に対応してほしいとき
- ☑ 体調や本人・家族の負担軽減を考えて、通いも宿泊も柔軟に利用したいとき

費用の目安

地域や要介護度によって異なりますが、1か月あたり約 10000 円〜 30000 円です。

4
介護保険以外のサービスもある？

 へぇ〜いろんな介護保険のサービスがあるんですね

そうですね。それぞれのサービスの特徴を踏まえて、ご本人・ご家族に合うものを選べるといいですね

 はい！　幅広い選択肢を知っておくと安心します

あ、幅広い選択肢といえば、介護保険のサービス以外にも利用できるサービスはありますよ！

 え、そうなんですか？　介護保険以外って、詐欺みたいなぼったくりサービスじゃあないですよね？

もちろん、ぼったくりではないですよ（笑）身近なサービスもあるので、ぜひ積極的に活用してほしいです！

①外出したいけれど、家族が付き添えないとき

 市町村等や社会福祉協議会による外出支援サービス

- 介護を必要とする高齢者や身体障害者が外出する際に、車いすやストレッチャーを利用したまま**福祉タクシー**などで移動するサービスです。
- 移動範囲が**自治体内のみ、または利用回数や利用上限金額が決まっている**場合がほとんどです。
- 車両自体を貸出している場合もあります。
- 詳細は市町村等や社会福祉協議会に確認ください。

 民間企業による外出支援サービス

- 目的が趣味や旅行、冠婚葬祭、日用品以外の買い物など多岐にわたり利用可能です。
- **家族も同乗可能**なこともあります。
- 利用料金は**全額自費**です。運賃だけでなく、介助料金など時間ごとに請求されるため、目的に合った内容をどこまで支援してくれるか、金額がいくらかかるか、事前確認が必要です。

\ Column /

タクシー会社による外出支援サービス

　タクシー会社によっては、ヘルパーの資格をもったドライバーが、貸し切り料金で付き添いサービスを行っているところもあります。居宅内での外出準備の手伝いなどサービス内容や所要時間に応じて料金を支払います。

ワンポイントメッセージ

　高齢者の外出支援は、ケアマネジャーや地域包括支援センターに相談してみてください。市町村等や民間企業などサービスの提供者によって、サービス内容や金額が異なります。ケアマネジャーや地域包括支援センターは、地域等の実情に応じた、本人、家族に合うサービスを紹介してくれます！

②食事づくりが大変なとき

配食サービス

- 多くの市町村等では、要介護者、要支援者および事業対象者に向けて、配食サービスを実施しています。
- **お弁当代＋配達料**がかかりますが、1日1食分（昼食か夕食）の配達料金が**介護保険の自己負担割合に応じて割り引かれる**など、補助が受けられる場合があります。
- お弁当の配達時に本人の**様子を確認する**ことを目的の1つとしています。

一般高齢者向け 配食サービス

- 要介護者や要支援者等以外の一般高齢者向けの配食サービスもあります。
- 料金は**1食500円～700円前後**。
- 週3回など希望の回数の配達や、**お試し利用**ができるところも。
- 配達エリアなどが限定されることもあります。
- 料金が一覧表にまとめられていることもあるため、ケアマネジャーや市町村等で対応している業者に確認ください。

③食材の買い物が大変なとき

 食材宅配サービス

- 民間の食材宅配サービスは、**その日の調理メニューの食材が自宅に届けられる**サービスです。
- 料金は**1食1人500円前後**（事業者によって異なります）。
- 「メニューを考えるのが面倒」「買い物に行っても何をつくればいいか思い浮かばない」という人、調理はできるという人におすすめです。

 ネットスーパー

- ネットスーパーのなかには、自宅以外の登録場所に届けてくれるサービスもあります。配達エリアが限られていますが、**家族が食材などを選んで本人宅に届けられます。**
- 本人が調理するときも、家族が仕事帰りに本人宅に寄り調理するときも、買い物の手間が省けます。
- 家族が注文する場合、**賞味期限など使い切るタイミングが家族にわかりやすくなります。**

⑤ちょっとした困り事を手伝ってほしいとき

　市町村等や社会福祉協議会、NPO法人は、ちょっとした困り事の支援をしています。市町村等や社会福祉協議会の相談窓口に困り事を相談することで地域ボランティア等が解決します。小さな困り事に対応してもらうことで、地域のなかで顔の見える関係づくりができます。

✓ 地域ボランティア等による主な支援内容

- **ゴミ出し・資源回収・清掃・小修繕・犬の散歩**などの日常生活上の支援
- **訪問、傾聴、声かけ**などの見守り支援
- 通院や買い物のための外出支援
- サロンへの誘いなど**交流**や**仲間づくり**

※費用は実費のみや有料など**市町村等によって異なります。**

ワンポイントメッセージ

　お住まいの地域のボランティア活動、支え合い活動、サロン開催などの情報は、一覧表にまとめているところもあります。地域包括支援センターや社会福祉協議会、市町村等にお問い合わせください。

④見守りに不安があるとき

 **市町村等の
見守りサービス**

- 市町村等では見守り支援の体制として、前述の配食サービスに加えて、**乳酸菌飲料の配達サービス**や緊急通報装置の貸与などを行っています。
- **身体症状や要介護状態、世帯の条件**などによって利用できるサービス内容は異なりますので、本人が在住する市町村等の担当窓口に確認ください。

 **民間企業の
見守りサービス**

- **コミュニケーションロボットやIT複合センサー付きのカメラ等**があります。本人宅に置くことで、様子の見守りや困ったときに電話やビデオ通話でやりとりができます。
- ほかにも乳製品、健康飲料等の配達時の見守り訪問や新聞、配達品が何日か溜まっていると登録家族へ連絡が入る安否確認サービスなどがあります。

111

ふるさと納税による安否確認サービス

　ふるさと納税支援サイトで「安否確認」と検索してみると、**ふるさと納税の返礼品**として**安否確認サービス**やお弁当の宅配、乳酸菌飲料・乳製品、野菜の宅配、**ごみ出し代行サービス**、**お墓の見守りサービス**などが紹介されています。お試しで活用してみて、うまく利用できればふるさと納税ではなく、個別にサービス提供会社と契約し、利用を進めるのもよいでしょう。関心のある人は一度ご確認ください。

ワンポイントメッセージ

　多くの見守り支援は、宅配時や訪問時に本人の様子を確認し、異変を察知したときに必要なところへ連絡するものですが、**タクシー会社**や**セキュリティ会社**と契約することで、緊急時の連絡だけでなく**駆けつけ支援**などを受けることもできます。

　自治体や企業の見守りサービスを、一度チェックしてみてください。

5

治療費・介護サービス費が高いときは？

民間企業が提供しているサービスでも、利用できるものがたくさんあるんですね！

そうですね。介護保険内外問わず、個別の事情に合ったサービスを組み合わせていけるといいですね！

はい。でも、心配なことが……

なんでしょうか？

お金についてです。サービスを使うとなると、無料のものもありますけど、やっぱりお金がかかりますよね。治療費も保険がきくといはいえ、安くないですし、支払えるか不安です……

お金のことは、不安になりますよね。ただ、治療費等の負担を補償する制度もありますので、心配しすぎないでくださいね

①治療費が高いとき / 高額療養費制度

　1か月で利用した医療機関や薬局での支払いが、高額療養費制度の自己負担限度額を超えた場合、その超えた金額を支給する制度です。自己負担限度額は、年齢、所得、入院と外来の組み合わせなどで変わります（右ページ表参照）。

医療費総額		
自己負担	高額療養費	保険給付

自己負担限度額

 多数回該当

- 過去12か月以内に3回以上、上限額に達した場合は、4回目から**多数回該当**となり、上限額が下がります。

 世帯合算

- 同じ世帯の家族（同じ医療保険に限る）の、自己負担額を合算することを世帯合算といいます。
- 1人の窓口負担では、高額療養費の支給対象にならなくても、世帯で合算した金額が、自己負担限度額を超える場合、超えた分が高額療養費として払い戻されます。

高額療養費制度の上限（70 歳以上）

適用区分		外来(個人ごと)	ひと月の上限額 （世帯ごと）
現役並み	Ⅲ年収約1160万円〜 標準報酬月額83万円以上／ 課税所得690万円以上	252,600 円＋ （医療費―842,000）×1% <多数回該当 140,100 円>	
	Ⅱ年収約770万円〜約1160万円 標準報酬月額53万円以上／ 課税所得380万円以上	167,400 円＋ （医療費―558,000）×1% <多数回該当 93,000 円>	
	Ⅰ年収約370万円〜約770万円 標準報酬月額28万円以上／ 課税所得145万円以上	80,100 円＋ （医療費－267,000）×1% <多数回該当 44,400 円>	
一般	年収 156 万〜約 370 万円 標準報酬月額 26 万円以下 課税所得 145 万円未満等	18,000 円 （年144,000 円）	57,600 円 多数回該当 〈44,400 円〉
住民税非課	Ⅱ　住民税非課税世帯	8,000 円	24,600 円
	Ⅰ　住民税非課税世帯 （年金収入 80 万円以下など）		15,000 円

出典：厚生労働省「高額療養費制度を利用される皆さまへ（平成 30 年8月診療分から）」

②治療費が高いとき／限度額適用認定証の利用

70歳未満の人は、加入している医療保険の保険者に**限度額適用認定証**もしくは**限度額適用・標準負担額減額認定証**を事前に申請し、医療機関の受付に提示することで、窓口での支払い金額が月単位で一定の限度額までとなります。医療費の保険給付分のみ対象です。なお、マイナンバーカードの健康保険証利用により、限度額適用認定証の申請は不要です。

70歳以上の人は、**住民税非課税の人**と**現役並みⅠ・Ⅱ**の人が限度額適用認定証および限度額適用・標準負担額減額認定証の申請の対象となります。入院が長期になる場合や支払いが高額になりそうな場合は利用をおすすめします。

ワンポイントメッセージ

「高額療養費制度」「限度額適用認定証」について、国民健康保険、後期高齢者医療制度をご利用の人は市町村等の窓口に、健康保険組合に加入している場合は、加入している保険者までお問い合わせください。なお、入院時の食事代や差額ベッド代、病衣代、先進医療の費用などは含まれませんのでご注意ください。

③介護サービス費が高いとき / 高額介護サービス費

1か月間で利用した介護サービスの利用者負担（1割から3割）の合計額が限度額を超えた場合、超えた分が高額介護サービス費として後から支給されます。対象となるサービスは、居宅サービス、施設サービス、地域密着型サービスなどです。

✓ 対象外のサービス

- 住宅改修費や特定福祉用具の購入費、デイサービスなど通所サービスの食費、施設サービスやショートステイの食費、居住費、日常生活費などは対象外です。
- 支給限度額を超えた利用者負担分も対象となりません。

✓ 申請方法

- 高額介護サービス費支給申請書に領収書や所得状況がわかる書類を添付して、市町村等に提出します。
- 申請は家族ができない場合、代理申請も可能ですが、委任状が必要です。
- 振り込みはサービス利用月の約2か月後～3か月後となります。

高額介護サービス費の利用者負担の上限（1か月）

区分	負担の上限額（月額）
課税所得 690 万円（年収約 1160 万円）以上	140,100 円（世帯）
課税所得 380 万円（年収約 770 万円）～課税所得 690 万円未満（年収 1160 万円）未満	93,000 円（世帯）
市町村民税課税～課税所得 380 万円（年収約 770 万円）未満	44,400 円（世帯）
世帯の全員が市町村民税非課税	24,600 円（世帯）
前年の公的年金等収入金額＋その他の合計所得金額の合計が 80 万円以下の方等	24,600 円（世帯） 15,000 円（個人）
生活保護を受給している方等	15,000 円（世帯）

出典：厚生労働省「令和 3 年 8 月利用分から高額介護サービス費の負担限度額が見直されます」

④介護サービス費が高いとき / 特定入所者介護サービス費

　低所得者が経済的理由で介護保険施設を利用できないことがないよう、低所得者の食費・居住費等の負担は限度額が設けられ、超えた分は**特定入所者介護サービス費**で賄われます。

 申請方法

- 給付を受けるためには**介護保険負担限度額認定証**の交付を受ける必要があります。
- 対象となる人は、介護保険負担限度額認定申請書に必要事項を記入し、**市町村等の窓口**に申請します。

 申請に必要なもの

- 申請には、印鑑、同意書、介護保険被保険者証、預貯金・有価証券等の通帳などの写し、被保険者のマイナンバーが確認できるもの、申請者の本人確認書類などが必要です。

⑤治療費・介護サービス費が高いとき / 高額介護合算療養費制度

　高額療養費制度や高額介護サービス費それぞれを適用したうえで、なお負担が大きい場合に、年間（8月〜翌年7月）の介護保険の自己負担額と医療保険の自己負担額を合算し、限度額を超えた分が申請により後から支給されます。

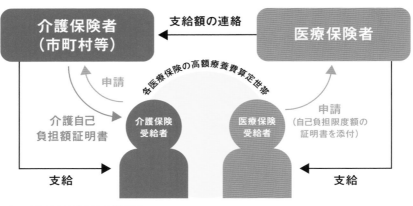

出典：厚生労働省「高額介護合算療養費制度」

✓ 申請方法

- まず保険者（市町村等）に申請します。
- 保険者より介護自己負担額証明書の交付を受け、医療保険者に申請し、介護保険と医療保険の自己負担額の比率に応じて各保険者から支給を受けます。

✓ 利用の留意点

- 受給にはかかった費用や年齢、所得、世帯状況など条件があります。
- 介護サービス費や医療費が高額の場合は、市町村等・ケアマネジャー・地域包括支援センター等に確認してみましょう。

高額介護合算療養費制度の限度額（年額）

	70歳以上（注2）	【参考】 70歳未満（注2）
年収約1160万円〜 標準報酬月額83万円以上 課税所得690万円以上	212万円	212万円
年収770万〜1160万円 標準報酬月額53〜79万円 課税所得380万円以上	141万円	141万円
年収370万円〜770万円 標準報酬月額28〜50万円 課税所得145万円以上	67万円	67万円
一般（年収156〜370万円） 健康保険 標準報酬月額26万円以下 国民健康保険・後期高齢者医療制度 課税所得145万円未満（注1）	56万円	60万円
市町村民税世帯非課税	31万円	34万円
市町村民税世帯非課税 （所得が一定以下）	19万円（注3）	

(注1) 収入の合計額が520万円未満（1人世帯の場合は383万円未満）の場合および旧ただし書所得の合計額が210万円以下の場合も含む。
(注2) 対象世帯に70〜74歳と70歳未満が混在する場合は、まず70〜74歳の自己負担合算額に限度額を適用した後、残る負担額と70歳未満の自己負担合算額を合わせた額に限度額を適用する。
(注3) 介護サービス利用者が世帯内に複数いる場合は31万円。
出典：厚生労働省「高額療養費制度の見直しについて（概要）」

⑥障害者手帳

　認知症の場合、**精神障害者保健福祉手帳**の申請ができる場合もあります。また血管性認知症やレビー小体型認知症など身体症状がある場合は、**身体障害者手帳**に該当する場合もあります。

　手帳をもっていることで必要なサービスの利用につながります。市町村等によっては障害者手帳の等級により、**障害者医療費助成**や**後期高齢者医療費助成**を受けることができる場合があります。

⑦自立支援医療（精神通院医療）

　自立支援医療（精神通院医療）は、精神疾患による**通院医療費**を軽減する制度です。認知症の人でも利用できる場合があり、認知症に関する通院医療費の自己負担割合が１割（自治体によっては０割）となります。

ワンポイントメッセージ

　手帳の取得により受けられるサービスとして、住民税、所得税、相続税の控除、公共交通料金や施設の利用料の割引などがあります。身体障害者手帳と精神障害者保健福祉手帳で受けられるサービスが異なります。詳しくはお住まいの市町村等にご確認ください。

⑧特別障害者手当

　精神または身体に著しく重度の障害があり、日常生活において常時介護を必要とする人（入浴、排せつ、着替え、食事等に常時介助が必要で、意思の疎通を図ることが難しいなど）に支給される手当です。お住まいの市町村等に住民票がある 20 歳以上が対象（施設入所中の人は対象外）で、利用には所得制限など条件がありますので、一度お住まいの市町村等にご確認ください。

⑨自治体による独自の助成

　自治体ごとに独自の助成制度を設けているところもあります。一度お住まいの市町村等の介護保険の担当窓口にご確認ください。

自治体による独自の助成例

- 自宅での介護に必要な紙おむつ代の助成
- 介護用品の購入品目や購入場所を限定した助成
- 自宅で介護を担う家族に対する介護慰労金の支払い
  （介護サービス利用をしていないことを要件にしていることも多いですが、利用中で受け取れる自治体もあるようです）

金銭的な負担を軽減する制度がこんなにあるなんて、びっくりしました！

制度の細かな利用条件等は、随時、保険者や専門職にお尋ねくださいね

はい、ありがとうございます。お金の話が出たついでなんですけど…、うちの母、最近、お金の管理が甘くて心配なんです

それは心配ですね

しかも、息子の私には管理してほしくないみたいで…。そのうち、騙されるんじゃないかと怖いです

自分以外の人に管理を任せるのが不安な人もいますよね。ご本人だけで、お金の管理などが難しいときに利用できる制度について、紹介させてください！

①判断能力に低下がみられるとき / 日常生活自立支援事業

　日常生活自立支援事業は、認知症などで判断能力が低下した人に対し、支援員が福祉サービスの手続き、預金の出し入れ、光熱水費の支払い手続きなどを年金や預金通帳などを預かってサポートする制度です。市町村等の**社会福祉協議会**等で申請できます。

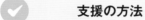 ### 支援の方法

- 契約後、支援員（生活支援員や生活援助員など）が、決められた日に自宅等を訪問して対応します。
- 介護施設に入所中や、病院に入院した場合でもサービスを利用することができます。

利用料金

- 福祉サービスの相談や日常的な金銭管理が1回約1000円〜1200円。
- 書類の管理費は月額250円（年額3000円）程度です。
- 生活保護受給者は無料です。

主な支援内容

①福祉サービス 利用の援助	介護保険サービスや障害者総合支援法に基づく福祉サービスの利用の際の情報提供や手続きの支援。
②金銭管理	医療費や家賃、公共料金の支払い、預貯金の引き出しなど日常的な範囲の金銭管理。
③重要書類の管理	通帳や銀行印、証書などの重要書類の管理。
④生活相談や生活 状況の変化の見守り	定期的に訪問し、生活状況の変化を確認。

 利用の留意点

- 自宅や貸金庫の鍵、遺言書、宝石、書画、骨とう品、貴金属、現金、有価証券などそのもの自体に価値のあるものは預かれません。
- 医療行為の同意や施設入所に伴う身元引受人、保証人にはなれません。
- 外出支援や買い物代行などもできませんのでご注意ください。

 申し込み方法

- 利用の申し込みはお住まいの市町村等の社会福祉協議会にご相談ください。申し込み後、面談を経て利用開始となりますが、利用開始まで3か月～6か月ほどかかります。
- なお、契約時に利用者が契約内容について判断できることが必要です。

②判断能力が十分でないとき / 成年後見制度

　成年後見制度は、認知症などで判断能力の低下した人が、財産を侵害されたり、騙されて不当な契約を結ばされたりすることなどがないように、家庭裁判所が選んだ支援者が、財産の管理や契約などの支援を行う制度です。成年後見制度は**法定後見制度**と**任意後見制度**があります。

 法定後見制度

- 判断能力が不十分な人を支援する制度。家庭裁判所に申立てを行い、家庭裁判所が**成年後見人等**（後見人、保佐人、補助人）を選任します。
- 成年後見人等の仕事は、**財産管理**（本人の収支状況等の把握、預貯金の入出金管理など）と**身上監護**（本人に必要な医療や介護サービス利用に必要な手続きの実施）です。

 任意後見制度

- **十分な判断能力がある人**が、将来判断能力が不十分になった場合に備える制度です。
- 本人が契約の締結に必要な判断能力をもっている間に本人の意思であらかじめ公正証書による**任意後見契約**を結んでおき、判断能力が不十分になったときに、その契約にもとづいて任意後見人が本人を援助します。

法定後見の申立てに必要なもの

- 申立書
- 本人の戸籍謄本
- 診断書
- 申立て手数料
- 登記手数料
- 郵便切手
- 鑑定料（鑑定を行う場合 5 万円〜 10 万円程度）　など

出典：裁判所「申立てをお考えの方へ（成年後見・保佐・補助）東京家族裁判所後見センター」をもとに作成

 法定後見の申立て方法

- **本人、配偶者、四親等内の親族**のほか、身寄りがない場合などは**市町村長**が、家庭裁判所に審判の申立てをします。
- 詳しい手続きは、お住まいの市町村等の担当窓口、お近くの家庭裁判所、地域にある成年後見センターなどにお問い合わせください。

申立ての注意点

- 申請には医師の診断書が必要です。
- 申立ての手続きには通常**約2か月〜3か月**かかります。
- 申立人は「後見人等の候補者」を挙げることができますが、家庭裁判所が判断するため、希望する人が成年後見人等に選任されるとは限らないのでご注意ください。

③判断能力が低下したときに備えて

　認知症の人の財産管理をするために、以下の制度を利用することができます。どの制度を活用するのがよいかはなかなか判断が難しいです。市町村等や県弁護士会が開催する**無料の弁護士相談**、市町村等の**成年後見制度の相談センター**などにご相談ください。

任意代理契約 	「財産の管理や契約を代理で行うことをお願いする」ために、民事上の**任意代理契約**を結ぶことができます。任意後見制度との違いは家庭裁判所に申立ての必要がないことです。運用にはチェック機能がないことや社会的信用が低いことが課題とされ、**任意後見制度**と併せて利用する場合もあります。
信託保全サービス	**信託銀行**に財産管理を依頼します。
家族信託	家族に本人の財産の管理や処分を託します。

ワンポイントメッセージ

　一番大切なことは、大切な本人の財産を守る制度について情報を集めておくことです。本人がどうしたいかを確認し、財産管理の方法を決めておきましょう！

消費者トラブルを防ぐために

　高齢者は、在宅していることが多く、訪問販売業者等に対しても一度玄関を開けてしまうと律義に応対してしまいます。強く勧められると断れない、また被害に遭ったことがわかっても、周囲に相談しない人も多いです。

◇ 高齢者に多い消費者トラブル（例）……………………………………

- 必要のない屋根の修繕やシロアリ駆除、耐震補強工事の契約をする
- 複数の訪問販売業者から布団類を購入させられる
- 電話で一方的に勧誘され、海産物が代引きで届く

◇ 介護サービス事業者の見守り ……………………………………

　介護保険サービスを利用するようになり、訪問介護や訪問看護など在宅サービスを導入すると、定期的に家に訪問する人ができます。サービス提供時間は必要な支援とともに、普段の様子に変わりがないかを見ることができます。介護サービス事業者が見守りの一人になり、**消費者トラブルを防ぐ協力者**になるかもしれません。

◇ 家庭でできる防犯対策 ……………………………………

- 固定電話は留守番電話に設定し全通話録音にする。
- **カメラ付きインターホン**（録画機能付き）や**防犯カメラ**、**介護用見守りカメラ**を利用し、定期的に家族の様子を確認する。

消費者トラブルを防ぐ！　見守りチェックリスト

- ☑ 家に見慣れない人が出入りしていないか
- ☑ 不審な電話のやり取りがないか
- ☑ 家に見慣れないもの、未使用のものが増えていないか
- ☑ 見積書、計画書などの不審な書類や名称などがないか
- ☑ 家の屋根や外壁、電話機周辺に不審な工事の形跡はないか
- ☑ カレンダーに見慣れない事業者名などの書き込みなどがないか
- ☑ 定期的にお金をどこかに支払っている形跡はないか
- ☑ 生活費が不足したり、お金に困っていたりする様子はないか
- ☑ 何かを買ったことを覚えていないなど、判断能力に不安を感じることは
  ないか

参照：国民生活センター　https://www.kokusen.go.jp/data/n-20220914_1.html.

ワンポイントメッセージ

　　悪質商法など消費者トラブルで困った際に、どこに相談して
よいかわからない場合は、**消費者ホットライン１８８**に相談し
てみましょう。身近な相談窓口に案内してくれます。

金銭面の不安が大きかったので、利用できる制度を教えてもらって、少し安心しました

それはよかったです。ほかにも何か不安なことはありますか?

うーん。僕自身の話じゃないんですけど、この前、会社の同僚と話していたら、その人も認知症のお義父さんの介護で困っていて……

その方はどんなことで困っているんでしょうか?

とにかく、つらいってぼやいていましたよ。目を離せないから、自分の時間がとれなくて、大変だって……

それほど、一生懸命介護されているのですね。介護に行き詰まったときは、無理せず負担を減らすことも検討したいですね

介護は想像以上に負担がかかることもある

　介護生活を続けるためには、介護する家族の健康管理が大切です。しかし、介護は準備が整わない間に突然始まることが多いです。家族は介護を受け入れがたい精神状態のまま、自分自身の生活を維持しつつ、介護生活をスタートすることも少なくありません。

　これまでの生活と大きな変化が生じ、慣れない介護で**介護に対する家族間の温度の違いや慢性的な寝不足、疲労感**が蓄積します。仕事にも支障が出て**介護離職**につながるなど、社会から孤立し、**介護うつ**になってしまう場合もあります。

介護疲れの主な原因

身体的負担	● 毎日の起居動作の介助や入浴の支援等で疲れてしまう。 ● 夜中に何度も起こされるトイレ介助等で慢性的な睡眠不足に。
精神的負担	● 本人の言動に怒鳴ってしまう。 ● よかれと思ってやっても空回りしてしまう。 ● いつも本人の様子が頭から離れず、見えない場所にいてもずっと考えてしまう。
認知症介護の負担	● 認知症の人の理解できない行動に振り回されてしまう。
経済的負担	● 医療費や介護にかかわる費用の増加。 ● 介護離職による収入の減少。

①介護保険のサービスを利用した介護負担の軽減

　介護保険のサービスをすでに利用している場合は、家族等の介護者が支援してほしい内容をケアマネジャーと相談し、**レスパイト**（レスパイトは「小休止」「休息」という意味があり、介護者である家族等が休息をとるためのサービス）を取り入れることができます。

介護者の負担軽減につながる介護保険のサービス例

提供できること	サービス名
生活支援や身体介護の軽減	訪問介護、訪問入浴介護　など
医療的支援への不安の軽減	訪問看護、居宅療養管理指導 など
半日や1日のまとまった休み	通所介護、通所リハビリテーション など
数日～1か月のまとまった休み	短期入所生活介護（ショートステイ）など

ワンポイントメッセージ

　家族のなかには、自分の介護への負担感が原因で、本人に通所介護やショートステイを利用させることは気が進まない人もいるかもしれません。しかし、介護の時間が長くなると、介護の負担感は増えます。サービスを使ってリフレッシュすることで、介護がうまく続けられるのであれば、結果としてプラスは大きいものです。

②介護保険以外のサービスを利用した介護負担の軽減

　介護保険サービスだけでは十分な支援が賄えない場合は、民間企業が行っているさまざまなサービスを取り入れることも一つの方法です。

　介護保険の訪問介護ではお願いできない家事（庭の手入れや話し相手など）は**家事代行サービス**、寝具の取り換えなどが難しい場合は**寝具クリーニング**（寝具の丸洗い）、美容院や理髪店へ行くことが難しい場合は**訪問理美容**の利用、食事づくりが大変な場合は**配食サービス**なども利用できます。

　なお、寝具クリーニングや配食サービスについては、利用条件はありますが、市町村等で実施しているところもあります。

介護者の休息につながる介護保険以外のサービス例

家事代行サービス

寝具クリーニング

訪問理美容

配食サービス

③レスパイト入院

　レスパイト入院は、自宅療養中の人が一時的に入院することで、在宅で介護している家族を支援する制度です。**医療保険による入院**となりますので、すべての人が対象とはなりません。利用を検討したい場合は、かかりつけ医やケアマネジャー、地域包括支援センターにご相談ください。

レスパイト入院の利用対象と利用例

利用対象 	● 自宅療養中で経管栄養や気管切開、人工呼吸器装着など医療的処置が必要で、介護保険によるショートステイの利用が困難な人 ● 退院後は自宅にて介護が継続できる人　など
利用例 	● 介護者である家族が冠婚葬祭や旅行などで短期間不在にするとき ● 家族が入院するとき ● 家族が日々の介護に疲れを感じて一時休息したいとき　など

④精神科への入院

　認知症の人は、妄想や幻覚などの精神症状や一人歩き・意欲低下・介護抵抗・暴言・暴力などの行動症状といった**BPSD**（Behavioral and Psychological Symptoms of Dementia：認知症の行動・心理症状）があらわれることがあります。

　家族や周囲の対応で症状の軽減につながることも多いですが、BPSDの増悪がみられるときは、自宅や施設での対応が難しく生活が困難となる場合があります。一般病院での入院加療が難しいときは、**精神科の病院への入院**を検討し、治療する場合があります。かかりつけ医やケアマネジャー、地域包括支援センターに相談してみましょう。

主な BPSD

⑤家族会

p.23 で紹介した**家族会**も、介護に疲れたときの支援になります。家族会はお住まいの地域で会合を開き、**介護の大変さを分かち合える場**となっています。

- 本人の症状がどうして起こるのか？
- どのように対処すればよいのか？
- この先、このような様子も出てくるかもしれない……！

このようにさまざまな情報を得て、これまでにない症状が本人に出てきても対処できるという安心感をもつことで、つらさが軽減できるかもしれません。会合に参加することが難しい人は電話相談を利用することも有効です。

⑥認知症カフェ

p.25 で紹介した**認知症カフェ**も介護に疲れたときの支援になります。認知症に理解のある専門職がいて、認知症のことをカジュアルに話せる場です。お住まいの近くで開催されているところを活用してみてください。

ワンポイントメッセージ

新型コロナウイルス感染症が全国に広がって以降、一時閉鎖している認知症カフェもありますので、実施状況を事前にご確認ください。

9

施設入居するにはどうすればいい？

仕事と介護の両立と聞くと、大変そうですけど、制度を使っていけば、なんとかできそうな気がしてきました！

少しでも前向きな気持ちになられたのなら、うれしいです！

はい、しばらくはサービスを利用しながら、介護を頑張っていこうと思います！

いいですね！　ただ、どうしても自宅での介護が大変になってしまったとき、「施設入居」という選択肢があることも頭の片隅においておくとよいかもしれません

施設ですか……。正直、全然頭にありませんでした

もちろん、今すぐ利用！　というわけではないかもしれませんが、選択肢の一つとして知っておくと、ご家族が介護を背負い過ぎずに済むかもしれませんね

STEP 1　施設入居を考える

　要介護度が高くなると、介護にかかる時間も手間も増え、施設入居を検討することもあるかもしれません。施設入居を視野に入れる具体的なタイミングをいくつかご紹介します。

本人の様子

- 外出中に行方不明になる、一人歩きをする
- 排泄の失敗が増える、一人でトイレに行けない
- 火の不始末、管理ができない
- 家族と衝突し、暴言・暴力がみられる

介護者の様子

- 四六時中、介護のことが頭から離れない
- 睡眠時間が削られる、体力や気力が続かない
- 身体を痛めて介護が続けられない
- 目が離せない状況になり、家事や仕事ができない

　家族の介護力はそれぞれ異なります。どういうときが来たら施設入居を検討するか、考えておくことが大切ですね。

STEP 2　施設選びの優先順位を整理する

施設は種類が多く、外からみてその違いがわかりづらいものです。施設入居を検討する際には、本人・家族が重視する希望の優先順位を整理してみましょう。優先順位をしっかり家族で決めてから具体的に情報収集することをおすすめします。

施設入居を検討する際の項目例

- ☑ 費用（月々いくらまでかけられるか）
- ☑ 立地
- ☑ 医療体制の充実度
- ☑ 介護ケアの充実度
- ☑ 認知症への対応
- ☑ 看取りへの対応
- ☑ 施設内の共用スペースの雰囲気　等

STEP 3　施設の種類を知る

優先順位を検討したら、施設にはどんな種類があるのか、どんな種類の施設が本人・家族に合っているのかを考えてみましょう。具体的な施設の種類と特徴は、p. 148 から紹介しているので、参考にしてください。

STEP 4　施設の情報を集める

　施設の種類を確認したら、具体的な施設情報を収集します。情報の集め方にもさまざまな方法があります。

 ケアマネジャーや地域包括支援センターに相談

- すでに介護保険を利用している場合は、まず**担当ケアマネジャー**に相談しましょう。
- 地域包括支援センターも地域のさまざまな情報をもっているので、**要介護度や症状などに応じた施設選びのアドバイス**をしてくれます。

インターネットやパンフレットで情報収集

- 本人・家族の優先順位が高いと考えた項目に該当する施設をインターネット検索やパンフレットの取り寄せで確認しましょう。

 ワンポイントメッセージ

　候補の施設を見つけたら、**見学**や**体験入居**をしてみましょう。特に体験入居は、本人・家族に合うかがよくわかります。また、施設探しを手伝ってくれる民間の相談支援センター等もあります。施設情報を豊富にもっていて、効率よく施設見学の調整等を行ってくれます。

10
どんな施設サービスがある？

施設＝老人ホームというイメージでしたけど、老人ホームのなかにも種類があるんですね

はい、医療的なケアを受けたいのか、小規模な雰囲気で過ごしたいのか……など、本人・家族のご希望に合った施設を選べるといいですね

そうですね。ただ、ここまでいろんなサービスの話があって、ちょっと頭がパンクしそうです（笑）

ああ、ごめんなさい。これから、施設サービスの具体的な種類や特徴を説明させていただきますけど、「こんな施設があるんだ〜」となんとなくでも知っていただければ十分です！

そう言っていただけると気が楽です！

全部覚えるのは大変ですので、わからないことは何でも遠慮せず、専門職に聞いてくださいね！

147

施設の種類一覧

　高齢者が入所できる施設には、地方自治体や社会福祉法人が運営する**公的施設**と民間企業が運営する**民間施設**があります。要介護度と認知症の受け入れをまとめた入居条件は表のとおりです。

種類		入居条件				
		自立	要支援1～2	要介護1～2	要介護3～5	認知症
公的施設	特別養護老人ホーム（介護老人福祉施設）	×	×	×	◎	○
	介護老人保健施設	×	×	○	○	○
	介護医療院	×	×	○	○	○
	ケアハウス	○	○	△	△	△
民間施設	介護付き有料老人ホーム	△	△	○	◎	◎
	住宅型有料老人ホーム	△	○	◎	○	○
	サービス付き高齢者向け住宅	○	◎	◎	○	○
	グループホーム（認知症対応型共同生活介護）	×	△（要支援2～）	○	○	◎

◎充実した対応　○受け入れ可　△施設によって受け入れ可　×受け入れ不可
出典：みんなの介護「老人ホームの種類一覧表」をもとに作成

①特別養護老人ホーム（介護老人福祉施設）

特別養護老人ホームは、原則**要介護3以上**の人が入居できます。

 特徴

- 生活上の援助（食事、掃除、洗濯など）や身体的な介護（排せつ、入浴など）が提供されます。
- **看取り**に対応している施設も多いことから終の棲家として人気が高いのが特徴です。待機者が多くなかなか入れないこともあります。

 留意点

- 入居は、本人を取り巻く状況に応じて**緊急度の高い申込者**から優先的に決まります。
- 申し込みは希望エリアにある複数施設に行うことが多いです。
- 申し込み後に生活面で大きな変化がみられた場合は、ケアマネジャーに相談し、施設に状況を伝えることが大切です。

費用の目安

要介護度や居室の種類によって異なりますが、月額10万円〜20万円です。入居金はかかりません。

②介護老人保健施設・介護医療院

　介護老人保健施設は、退院直後やケガなどが原因で自宅復帰できない人が、心身の機能の維持や回復を目的に一時的に入所する施設です。

　介護医療院は、日常生活の介護サービスと慢性期医療、看取りなどの医療的なケアを一体的に行っています。

✓ 介護老人保健施設の特徴

- 生活上の援助や医療的なケア、身体的な介護を提供しています。
- **在宅復帰を目指した施設**なので、理学療法士や作業療法士などの指導により、**集中的にリハビリテーション**が受けられます。

✓ 介護医療院の特徴

- 長期的な療養が必要な要介護者のための施設です。
- **医師や看護師**が常駐し、痰の吸引や経管栄養なども行えるので、要介護度の高い**医療ニーズの高い**人に対応できます。要介護1以上の人が対象。

費用の目安

要介護度や居室の種類によって異なりますが、介護老人保健施設は月額約10万円〜15万円、介護医療院は約10万円〜20万円です。両施設とも入居金はかかりません。

③介護付き有料老人ホーム

介護付き有料老人ホームは、生活上の援助、身体的な介護、健康管理などを提供します。

 特徴

- 施設数が多いため、希望の施設に比較的入りやすいです。
- **24時間体制**で必要なサービスを介護スタッフから受けられます。必要な介護量に合った介護保険サービスが自己負担額で利用できます。施設により受入れ可能な入居者の要介護度は異なります。

 留意点

- 事業者によって、**サービスの質にばらつき**がみられることがあります。
- 入居金がかかる施設もありますのでご確認ください。

費用の目安

施設によって大きく異なります。入居金は0円〜数百万かかる施設もあります。月額約15万円〜40万円です。

④住宅型有料老人ホーム

　住宅型有料老人ホームは、食事、掃除、見守りなどの生活上の援助が中心で、身体的な介護は行われません。

 特徴

- 受け入れの幅が大きく、自立から要支援、要介護の人まで入居できます。緊急時の対応や元気な入居者向けの充実したイベントやレクリエーションを取り入れている施設もあります。
- 夫婦での入居希望で、2人の自立度や要介護度が異なる場合に検討できます。

 留意点

- 介護サービスはついていないため、介護が必要となると**外部の介護サービス提供事業所と契約が必要**になります。
- 要介護度が低い間は生活上の必要な支援で対応できますが、要介護度が高くなると費用面の負担等が大きくなる場合も想定されます。

費用の目安

施設によって大きく異なります。入居金は0円〜数百万円かかる施設もあります。月額約15万円〜30万円です。

⑤ケアハウス（軽費老人ホーム）・サービス付き高齢者向け住宅

ケアハウスは自立した高齢者向けの施設で、**安価**で入所できます。サービス付き高齢者向け住宅は、介護施設ではなく**賃貸住宅**です。

✓ ケアハウスの特徴

- **一般型**と**介護型**があり、一般型は食事の提供や安否確認、生活相談等の生活サービス、介護型は生活サービスに加えて介護サービスが利用できます。
- 入居希望者が多く、入居しづらい状況です。一般型は 60 歳以上、介護型は要介護 1 以上で 65 歳以上の人が対象。

✓ サービス付き高齢者向け住宅の特徴

- 安否確認、生活相談サービスなどが提供されますが、施設（一般型と介護型）によってサービス内容は異なります。外出や外泊はしやすく、**自由度の高い生活**が送れます。
- 60 歳以上の人、または要支援・要介護認定を受けた 60 歳未満の人が対象。

費用の目安

ケアハウスの入居金は 0 円〜約 30 万円です。月額費用は、10 万円〜 15 万円前後です。サービス付き高齢者向け住宅は、敷金が約 15 万円〜 40 万円かかり、月額約 15 万円〜 30 万円です。

⑥グループホーム（認知症対応型共同生活介護）

　グループホームは、認知症の特徴を踏まえて、5〜9人が一つのユニットと呼ばれるグループとして生活します。

✓ 特徴

- 多くの施設は個室と共有スペースがあり、介護サービスを受けながら**日常に近い生活**を職員と過ごします。
- 認知症であっても**ある程度日常生活が送れる人**が入居しています。
- 原則施設のある市町村等に住民票のある要支援2以上の認知症の人が対象。

✓ 留意点

- ほかの入居者と家事などの役割分担をし、ある程度自立した生活をする一方で、**長期の入院**や周りの人への**迷惑行為、重度の医療的なケアを必要とする場合**などは退去をしないといけなくなる場合もあります。

費用の目安

施設によって差があります。入居金は約10万円〜20万円で、月額約15万円〜25万円です。

ケアマネジャーは相性が大切

◇ケアマネジャーは、サービスの利用調整を行うパートナー

　介護保険の要介護認定申請の結果、非該当と要支援の人は**地域包括支援センター**へ、要介護の人は**居宅介護支援事業所**に連絡し、サービス利用の相談をします。

「居宅介護支援事業所」に所属する「介護支援専門員（ケアマネジャー）」が、利用者本人や家族の依頼に応じて、**サービスの説明**や**利用調整**を行い、介護サービス計画（ケアプラン）を作成します。

◇まずは、居宅介護支援事業所探し

　居宅介護支援事業所の探し方は、**市町村等窓口**で居宅介護支援事業所のリストを取得し、直接連絡を入れる、地域の**認知症カフェ**や**介護をしている人**からの紹介、**地域包括支援センター**に相談する、などがあります。地域包括支援センターは、各事業所の空き情報を、適宜まとめていることも多いです。

　依頼する居宅介護支援事業所が見つかったら、契約を進め、具体的にサービス利用の調整に入ります。

◇**ケアマネジャーに希望する内容を伝えてみましょう**

　希望する介護サービスがあれば本人や家族から、ケアマネジャーに伝えてみましょう。ケアマネジャーは、地域にあるサービスの紹介や具体的な利用の調整を行ってくれます。

　どこの会社のどういう内容のものを、週何回利用するか、利用金額の概算などを確認し、サービス利用の大枠が決まったら、お試し利用をしたうえで、実際の利用となります。

◇**ケアマネジャーとは相性があります**

　ケアマネジャーは介護保険サービスの利用にあたり大切な存在です。そして、ケアマネジャーは本人や家族が希望する生活が実現できるよう、介護保険サービス等で提供できる範囲で調整を行います。しかし、やりとりをしても「希望を聞き入れてくれない」「自社のサービスだけを提案される」など、ケアマネジャーとの相性が合わないと感じることがあれば、ケアマネジャーを変更することができます。もし変更を希望する場合は、地域包括支援センターや市町村等、または別の居宅介護支援事業所などに相談してみましょう。

認知症とともに生きること

1 老いるのは当たり前

ここまで、介護するうえで必要なことをたくさん教えてもらって助かりました

こちらこそ、いろいろと状況を教えてくださり、ありがとうございました

なんだか、親も自分もどんどん年老いていって、少し切ないですね

そうですよね。切ないですが、逆らえないのが老いですね。ただ、老いによって起こる身体の変化などをあらかじめ知っておくことで、不安を減らせるかもしれません

最近、私自身も老眼気味だったり、五十肩だったり、いろいろガタがきています（笑）。親のことだけでなく、自分の老いとも向き合うために、老いによる変化を知っておきたいです！

いいですね！　代表的な変化をチェックしていきましょう

成長する期間より老いる期間のほうが長い

　私たち人間はおおむね 20 歳～ 30 歳をピークに、衰えるようにできています。人間の身体の細胞は限られた回数しか分裂できないことが知られています。人間は老いて死ぬことがプログラムされているのです。

　日本人の平均寿命は 80 歳を超え、私たちは生物学的には「成長・発達していく期間」より「老いる期間」のほうが長くなりました。そのため、老いについて知り、老いを受け入れつつも、予防していくことが大切です。

身体の変化、病気を知っておく

　それでは、私たちは、どのように老いていくのでしょうか。まずは、一般的な老いによる身体の変化、病気について学んでいきましょう。老いについて予防し、備えるきっかけになればと思います。

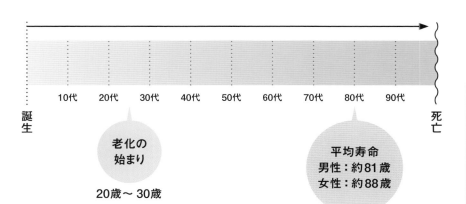

2

脳の変化

　人間の脳は 30 歳頃からだんだんと小さくなっていきます。加齢とともに脳の神経細胞が減っていくことが主な原因です。

 脳に関する病気

　65 歳を超えると、認知症や脳梗塞、脳出血などの脳血管疾患も増えていきます。

　特に、認知症や脳血管疾患は介護が必要となる可能性が高い病気で、厚生労働省の調査では、65 歳以上で要介護となった人の主な原因の 1 位は認知症（17.6％）、2 位が脳血管疾患（16.1％）となっています。

 治療・予防

- 脳血管疾患の予防は、高血圧や糖尿病などの生活習慣病の管理をすることが大切です。
- 歳をとっても脳は、学ぶことによって神経細胞の新たなネットークを形成し、能力を高めることができます。そのため、知的好奇心をもち、生活することが重要です。

3 目・視力の変化

白内障は50代で約50％、80代でほぼ100％の人がなるといわれています。

緑内障は40歳以上の約5％、70歳以上の約10％でみられます。

目の調節能力は、30歳後半頃から衰えはじめ、45歳頃から近くが見えづらくなります（これを世間では老眼と呼んでいます）。

 ## 目・視力に関する病気

高齢者では、白内障、緑内障、加齢黄斑変性が多いです。

白内障は目のレンズが濁り、見えづらくなります。

緑内障は、眼圧が高くなり、目の神経が障害され、部分的に見えなくなったりします。

加齢黄斑変性は網膜に障害が起き、ゆがみや視力低下をきたします。

 ## 治療・予防

● 白内障は手術で濁った水晶体を人工レンズに入れ替えることで治療可能。

● 緑内障や加齢黄斑変性は症状が出てからでは遅く、治療しても元に戻らないため、早期発見・早期治療が大切です。

● 40歳を超えたら、眼科で定期検査することをおすすめします。

4
耳・聴力の変化

高齢者の難聴は、70代後半の半数以上の人がなると推計されています。

　聴力は40歳を過ぎると高音域から徐々に低下し、さらに加齢とともに低音域が低下していきます。

 耳・聴力に関する病気

　高齢者の難聴は、コミュニケーションの減少による社会的・日常的な孤立につながりやすく、うつ病や認知症にもなりやすくなるといわれています。
　加齢に伴う難聴を悪化させる原因には、騒音、糖尿病、高血圧、脂質異常症、動脈硬化、喫煙、過度な飲酒などがあります。

 治療・予防

- なるべくテレビの音量を小さくするなど騒音を避けたり、生活習慣の改善をしたりすることが大切です。
- 耳が聴こえにくいと感じた際は、まず耳鼻科を受診し、難聴の原因を調べます。そして補聴器が必要か、その際はどのような補聴器がよいか、医師と相談しましょう。

5
歯の変化

75歳以上の高齢者で義歯（ブリッジ・部分入れ歯・総入れ歯）を使っている人の割合は約84％。

　75歳以上の高齢者では、本来持っている歯の数の半数近くが失われるとされています。

 歯に関する病気

　高齢者では歯周病に注意が必要です。歯周病は、細菌によって歯茎に炎症をきたしたり、歯を支える骨などを溶かしたりする病気です。歯周病の有病率は、加齢とともに上昇し、70歳前後では約57％になります。

　歯周病があるとアルツハイマー型認知症や脳梗塞などになりやすくなるともされています。

 治療・予防

● 毎日の歯磨きを怠らず、定期的に歯科へ通院しながら、歯の健康チェック・治療を行うことが大切です。

6
心臓・血管系の変化

　心臓は加齢に伴い若干大きくなり、心拍数は少し下がることが知られています。血管は、加齢に伴い弾力性が低下し、その影響で徐々に血圧が高くなっていきます。

 心臓・血管系に関する病気

　高齢者では、高血圧や心疾患（狭心症・弁膜症・心不全など）が増えていきます。特に、高血圧は75歳以上では男性で74％、女性で77％となります。加齢とともに、多くの人は高血圧になるということです。

 治療・予防

- 高血圧は脳血管疾患、心疾患、認知症のリスクもあり、特に、中高年からの高血圧は注意が必要です。
- 健康診断などを定期的に受け、高血圧を指摘された際は、早めに治療を行いましょう。

7

肺の変化

喫煙者の約 15 〜 20％ が COPD になるといわれています。

COPD は、50 代の約 5％、60 代の約 12％、70 歳以上の約 17％が患っているとされています。

加齢に伴い、肺活量や呼吸にかかわる筋力が低下していきます。

 ## 肺に関する病気

　高齢者に多い肺の病気は、**肺炎、慢性閉塞性肺疾患（COPD）、肺がん**があります。COPD は、主に喫煙が原因です。タバコの煙で気管支や肺が壊れ、身体を動かすと息切れしたり、咳や痰が慢性的に続いたりします。

　肺がんも、喫煙者・受動喫煙者に多い病気です。

 ## 治療・予防

- 肺炎の予防には、**肺炎球菌ワクチン**やインフルエンザワクチンの接種が重要です。
- COPD では、壊れた肺は元に戻らないため、**禁煙**や**症状を緩和する薬**、**在宅酸素療法**が治療の主体になります。
- 肺がんの予防には、禁煙や年に 1 回、**肺がん検診**を受けることをおすすめします。

8

泌尿器系の変化

　60歳以上の高齢者の50％以上に尿失禁（尿が漏れてしまうこと）があるといわれています。そう考えれば、高齢者になれば、尿とりパッドやおむつを使うことは珍しくない、いずれ自分も使うだろうと思ったほうがよいでしょう。

 ## 泌尿器系に関する病気

　高齢になると頻尿になりやすくなります。原因としては、加齢に伴う排尿をコントロールしている自律神経系の機能低下や、膀胱の機能低下があります。また膀胱炎、前立腺肥大、過活動膀胱なども頻尿の原因になります。

 ## 治療・予防

- 過活動膀胱には膀胱訓練（おしっこを我慢して間隔を延ばす訓練）、腹圧性尿失禁には骨盤底筋訓練（肛門・膣・尿道を意識して締める訓練）が有効です。
- 症状が気になる際は、まずは泌尿器科へ受診しましょう。

9

骨の変化

　骨密度は 20 歳〜 30 歳頃をピークにその後は徐々に低下していきます。

 ## 骨に関する病気

骨粗しょう症は骨密度が低下し、骨折しやすくなる病気です。特に女性は閉経により骨の形成にかかわる**エストロゲンが低下する**ため、骨粗しょう症になりやすくなります。日本人女性では、65 歳で 3 人に 1 人、75 歳で 2 人に 1 人が骨粗しょう症になるとされています。

 ## 治療・予防

- 女性は 40 歳を超えたら、定期的に骨粗しょう症の検診を受けましょう。
- 骨粗しょう症の予防のため、**カルシウムを含む食事**をとることや、ビタミン D（カルシウムの吸収を助ける）を体内で合成するために**日光を浴びること**、ウォーキングや筋力トレーニングなどが有効です。

私は、老いを知るための一番の先生は、みなさんのおじいさんやおばあさん、そしてご両親だと思っています。人間は文明の発展とともに寿命が長くなり、家族の老いを経験できるようになりました。**遺伝的・環境的に近い家族の老いは、自分の将来の老いを学ぶよい機会**になります。また、自分が老いることで、次世代の家族に老いを教える先生になれるのではないでしょうか。そう思えば、私たちの老いにも意味が見出せるような気がしています。

Column

老いてこそ人生

　元東京都知事の石原慎太郎さんの著書に「老いてこそ人生」という本があります。そのなかで、

　「誰しも年はとりたくはない。誰しも老いたくはない。しかし誰しも必ず年をとり老いていくのだ。そんな当たり前のことがらを前にしてなんでくよくよしたり、怯えてたり、腰が引けたりすることがあるのだろうか。」※

　という一文があります。そして、老いを迎え撃つには、老いに関するさまざまな情報を心得ながら、若い頃にはなかった経験と、それを培ってきた冷静さをもつことが大切であると書かれています。老いを受け入れることの重要さがわかります。

＊ 石原慎太郎「老いてこそ人生」幻冬舎、p.12、2003 年

1
老いを予防する

親の老いも自分の老いも、向き合って受け入れていきたいなぁと思います！

はい、老いによる身体の変化は、誰にでも起こる自然なことだと思うと、少しは気が楽になるかもしれません

そうですね。ただ、ぼーっと老いるのを待つというのはちょっとなぁ……。少しは抗いたい気持ちもあります（笑）

老いによる身体の変化は、遺伝的に仕方ないこともありますが、日々の生活習慣の改善などによって、よい方向に変わることも多いですよ

なるほど！　特に認知症予防などにはどんなことに気をつければよいでしょうか？

それでは、認知症の発症を遅らせる生活習慣を一緒に考えていきましょう

2 認知症になるのを遅らせる

　認知症を予防するには、まずは認知症になりやすいリスクには何があるかを知ることが大切です。これまでの研究結果では下記のものが報告されています。

認知症のリスク

- 加齢
- 人種
- 遺伝子
- 認知症の家族歴
- 性別
- 学歴

- 頭部外傷の既往
- 不健康な食生活
- 高血圧
- 高コレステロール血症
- うつ病　など
- 運動不足
- アルコールの有害な使用
- 糖尿病
- 肥満
- 喫煙

　このうち、加齢、遺伝子、性別、人種、認知症の家族歴、学歴は、今からどうにかなるものではありませんが、それ以外のリスクは、努力で何とかできる可能性がありますね。

　世界保健機関（WHO）は 2019 年に「認知機能低下および認知症のリスク低減（Risk Reduction of Cognitive Decline and Dementia）のためのガイドライン」を公表しています。そのなかで推奨されている内容を、簡単に説明します。

1
話をしよう

教えてもらった認知症の予防法はぜひ、取り組んでみたいと思いました！

もちろん、認知症予防をしていたからといって、絶対に認知症にならないとはいえないですが、心身の健康のためにも、意識できたらいいですね

はい！　もう、これで認知症への備えはバッチリな気がしてきました

そうですね！　ただ、これは認知症に限らない話なのですが、「もしも」のときを意識し、日常のなかで備えていくことも大切です

考えたくはないですけど、誰にでも訪れるものですもんね。いざというときに困らないように、どんなことに取り組んだらよいですか？

大事な話をしていますか？

　認知症や突然の病気になって、本人の意思が確認できなくなることがあります。治療方針などを決めていかないといけないとき、本人の希望を確かめていなかった場合、家族が専門職と相談しながら決めていかないとなりません。すでに、本人と家族で具体的な話ができている場合は、そのまま本人と家族のペースで意見交換をし、共通認識を深めていくようにしましょう。

人生の最終段階の医療を話し合っていない人は約6割

　一方、病気になった際の治療方針などを話し合うことができていないという人も多いのではないでしょうか。厚生労働省の調査によると、約60％の人が「人生の最終段階における医療について関心がある」と回答していますが、「詳しく話し合っている」「一応話し合っている」という人は約40％でした。話し合ったことがない理由として最も多かったのは「話し合うきっかけがなかったから」です。

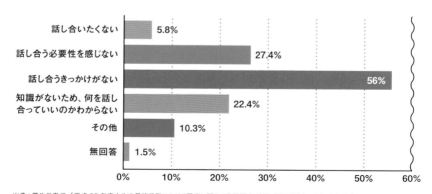

出典：厚生労働省「平成29年度人生の最終段階における医療に関する意識調査 結果（確定版）」p.14、2017年

人生の最終段階を考えよう

　「人生の最終段階の話」というと「縁起でもない話をして！」と、敬遠されがちです。しかし、人生100年時代といわれる現在、話し合いをしていないと、本人だけでなく、家族も高齢になってしまい、重要な決定における負担等が増すことも想定されます。

 人生会議を開こう

　ぜひこの機会に、本人と一緒に人生会議（アドバンス・ケア・プランニング）を開いてみませんか。厚生労働省では「『人生会議』とは、あなたの大切にしていることや望み、どのような医療やケアを望んでいるかについて、自ら考え、また、あなたの信頼する人たちと話し合う」こととしています。

 本人の意思を尊重する

　人生会議は無理にやるものではないですし、1回決めたらそれで終わりでもありません。

　医療職やケアマネジャーも含めて相談し、その時に合った選択肢から検討を重ねることで、できるだけ本人の意思を反映した最期の実現につなげていくものです。

人生会議の進め方

第1ステップ

考えて
みましょう

本人が大切にしていることは何かを考えます。

第2ステップ

信頼できる人は
誰かを考えて
みましょう

本人が信頼していて、いざというときに本人の代わりとして、受ける医療やケアについて話し合ってほしい人を考えます。

第3ステップ

伝えましょう

話し合いの内容を医師、看護師、介護職、ケアマネジャーなどに伝えておきましょう。

参照：厚生労働省「『人生会議』してみませんか」をもとに作成

ワンポイントメッセージ

　「人生会議」とネットで検索すると厚生労働省のページがあります。「ゼロからはじめる人生会議『もしものとき』について話し合おう」などをご参照ください。

URL：https://www.med.kobe-u.ac.jp/jinsei/index.html

\ Column /

話をすることの大切さ

　これまで折に触れて「ぜひご家族でお話を重ねてください」とお伝えしてきましたが、いきなりかしこまって、「話をしたい」と切り出すことはなかなか難しいことだと思います。本人の年齢を考えれば、いろいろ聞いておきたいと家族が考えていても、老人扱いされることに激昂する方もいらっしゃるかもしれません。話題のきっかけとして、「今回本を読んだらこんなことが書いてあったよ」と、本書を使っていただけるとありがたいなと思います。

　私は、結婚直後から認知症の義祖母と病気の義母を在宅で介護し、同時期に子育てをするダブルケアを13年していました。まわりで子育て中の人も介護経験者も皆無で、介護のこと、親の持ち物の片づけや最期のときのこと、葬儀やお墓、宗教、相続など、家族が直面しそうなさまざまな問題を経験しました。前もって本人たちと話ができていたら、もっと円滑に進んだこともあったかもしれないと感じました。

　その反省もあって、地域包括支援センターの社会福祉士として勤務していた頃は、なるべく利用者さんからお話をお聞きし、制度の説明や本人と家族の支援の橋渡しを心がけて仕事をしていました。

　支援者や制度をうまくご活用ください。タイミングが合うときに話を進めてみると、不思議とぶつからずに進んでいくことがあります。やってみようと思えたときが吉日で、頑張りすぎずにお過ごしいただけたらと思います。

精神保健福祉士　**中井幸子**

2 これからの生活や最期について確認しよう

　「人生会議」の考えに沿って本人と家族で話す機会がもてたら、もう少し幅を広げてこれからの生き方など具体的に共有していきましょう。その際に使えるのが、エンディングノートです。

 エンディングノートとは

　エンディングノートは本人の身に何かあったとき、預貯金や生命保険などの財産に関する情報、家族関係などの基本情報、親交のあった知人の連絡先、人生の最期について本人の希望、葬儀やお墓についての希望などを、家族に伝えるために残しておくものです。

 使い方

- 法的効力はありません。
- 認知症や疾患が進んで本人の希望が確認できなくなり、家族が代理で決定するときに、本人の意思を伝えるものとして活かすことができます。

エンディングノートの実際

　書く内容が多岐に渡っていて、すべてを把握することが難しい場合は、できる範囲で問題ありません。家族内で話をしながら本人が記載することで、本人の思いを共有できます。また本人の気持ちは変わるものです。折にふれて話を重ねていき、**必要があれば内容を変更して**いきましょう。

 入手方法

　エンディングノートは**市販**されていますし、市町村等によっては孤独死防止や空き家対策喚起の目的で、**担当課の窓口**や**地域包括支援センター**等で、無料配布されているところもあります。自治体の公式ホームページからダウンロード版で配布されているところもありますので、ご確認ください。

 保管に注意

- エンディングノートは個人情報を細かく記載しています。扱いには十分注意してください。
- 家族だけが知っている場所（自宅内の金庫や家族共有の貸金庫など）に保管するなど検討してみてください。

エンディングノートに記載する項目の例

本人の 基本情報	名前、生年月日、血液型、住所、本籍地、保険証番号、運転免許証番号、マイナンバーカードの個人番号など
財産	預貯金、不動産、有価証券、生命保険など
家族・親族	家族、親族一覧、家系図、冠婚葬祭の記録（香典や祝儀の記録）など
親戚や知人	親戚、知人、友人の情報や連絡先など
介護や医療	病歴、服用の薬や常備薬、薬の禁忌情報、かかりつけの病院、希望する医療機関、余命宣告や告知の有無、医療や介護の希望など
葬儀やお墓	葬儀の有無、希望する葬儀社、葬儀費用、お墓への希望など
相続、遺言	遺言書の有無、依頼している専門家の所在など
その他	携帯やパソコンのパスワード、個人の趣味のもの、ペットのことなど

3 お金について確認しよう

　資産にはいろいろな種類があります。預貯金、株・債権・投資信託、現金など、次ページの表に代表例をあげています。

　まずは、資産をリストアップし一覧にします。そして、お金をいくつかの使途に分類し、整理しておきましょう。例えば、①日常生活や介護の費用などに使う「生活費」、②趣味や旅行、住居のリフォームやメンテナンスなどに使う「特別費」、③預貯金として残しておく「備蓄費」などです。

 資産整理のメリット①

- 資産を整理すると、今後必要なお金をどこからどれぐらい使えるかがわかり、**漠然とした不安が解消**されます。

- 本人がエンディングノートを作成したり、相続を考えたりする（相続税対策や遺言内容を検討する、相続する人に財産の内容を伝える）ときにも役立ちます。

 資産整理のメリット②

- 相続では現金や預貯金、不動産等プラスの財産だけでなく、**負債等のマイナスの財産も受け継ぐ**ことになります。

- 家族が相続人として相続を承認または放棄の判断をする際も、整理されているとスムーズです。

早めの準備がおすすめ

　家族が改めて本人のお金について確認しようと切り出すのはなかなか難しいものです。しかし、本人が頑張って仕事をして築いた財産の相続が、家族の争いの種になるということも耳にします。円滑に進んでいくよう早めに準備したいですね。

資産でリストにしておきたい項目

預貯金	金融機関、支店名、預金の種類、残高
株・債権・投資信託、ネット口座など	証券会社名、支店名、資産の種類、時価
現金	所在、金額
公的年金	年金の種類、金額
不動産	所在地、種類、面積、評価額
生命保険、個人年金、損害保険	保険会社、保険の種類、契約内容
クレジットカード	カード会社名
携帯電話	契約会社名
貸金庫	所在
貴金属、美術品	資産の種類、時価
会員制サービス・サブスクリプション	種類、契約会社名

4 認知症に関する保険を確認しよう

　公的な保険は国が実施している介護保険制度です。介護保険制度は、対象者が申請し、認定結果に伴って必要なサービスを利用できます（p.91 参照）。本人は、負担割合に応じて **1 割～ 3 割分**の利用料金を支払い、残りの費用は介護保険で賄われます。

認知症の家族介護者が支払う月々の介護費用

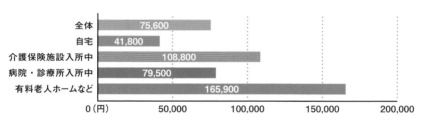

	金額
全体	75,600
自宅	41,800
介護保険施設入所中	108,800
病院・診療所入所中	79,500
有料老人ホームなど	165,900

出典：ニッセイ基礎研究所「認知症介護家族の不安と負担感に関する調査」2019 年を一部改変

 費用負担が増える現状

　日本は、高齢化が進行し、平均寿命も延びていることにより介護の費用負担が増えています。認知症の発症要因の大きな理由が加齢といわれ、高齢化により認知症になる人も多くなり、長期的な治療や介護が必要となることも考えられます。

 民間保険という選択肢

　もしもに備える対策として、近年、民間の保険会社で多く取り扱われるようになったのが認知症保険です。任意で加入するもので、選択肢の一つとして検討してください。

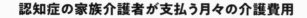

認知症保険とは

　認知症保険は、大きく二つに分類され、一つは認知症と診断された後の経済的負担に備えて保障が受けられるものと、もう一つは認知症が原因で損害が発生した際に損害補償を受けられるもの（認知症高齢者等個人賠償責任保険）があります。

認知症高齢者等個人賠償責任保険の補償内容

- 認知症の高齢者が線路内や踏切に誤って立ち入り、列車の運行を遅延させた
- 事故により他人にケガをさせた
- お店のものを壊してしまった　など

　上記のような事案が発生し、本人や家族が賠償責任を負った場合に支払われる保険です。補償内容は市町村等により異なります。加入要件や申し込み方法を一度ご確認ください。

5

看取りについて考えよう

「令和元年版高齢社会白書」によると60歳以上の人に、「万一治る見込みがない病気になった場合、最期を迎えたい場所はどこかを聞いたところ、約半数（51.0％）の人が自宅、次いで、病院・介護療養型医療施設が31.4％」となっています。

しかし、実際の死亡場所は病院が65.9％、介護老人保健施設・介護医療院3.5％、老人ホーム10％、自宅17.2％となっており、約7割弱の人が病院で亡くなっています（厚生労働省「令和3年　人口動態統計」）。

認知症の人の死亡原因は、身体機能と認知機能の低下による合併症状、転倒などの事故を起因とする状態の低下、摂食障害による衰弱死などで、医療的な支援が必要なことが多く、病院で亡くなることが多いと考えられます。p.181の人生会議（アドバンス・ケア・プランニング）を活用し、本人と家族とで看取りについて考えていきましょう。

最期を迎えたい場所

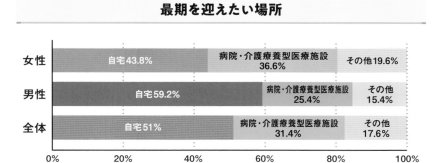

	自宅	病院・介護療養型医療施設	その他
女性	自宅43.8%	病院・介護療養型医療施設 36.6%	その他 19.6%
男性	自宅59.2%	病院・介護療養型医療施設 25.4%	その他 15.4%
全体	自宅51%	病院・介護療養型医療施設 31.4%	その他 17.6%

出典：厚生労働省「令和元年版高齢社会白書（全体版）」P68、2019年を一部改変

看取り介護とターミナルケア

　どこで最期を迎えたいかということに加え、どのように最期を迎えたいかも重要です。

　看取り介護や**ターミナルケア**は、終末期の医療や看護、介護を指します。いずれも最期を迎えるにあたって延命治療をせず、できるだけ苦痛を和らげて自分らしい最期を自然に迎える目的で行われます。看取り介護は主に自宅や施設で、食事や排泄などの介助、清拭や褥瘡のケア、体位交換などの**日常生活のケア**を行い、ターミナルケア（終末期医療）は日常生活のケアに加えて医師の判断に基づき、痛みを抑える緩和ケアとして、点滴や酸素吸入などの**医療ケア**を行います。

　自宅でターミナルケアを受けたい場合、ケアマネジャーと相談し、在宅訪問医や訪問看護の医療チームの確保、家族や介護サービスといった介護力の準備など、医療と介護を 24 時間提供できる体制づくりが必要となります。

ワンポイントメッセージ

　最期に自然な看取りを希望するのか、医療ケアを望むのかによって看取りの体制や場所も変わってきます。どう過ごしたいのか考える際に自宅や病院・介護施設での看取りのメリット・デメリットを確認しておきましょう。

自宅と病院・介護施設での看取りのメリット、 デメリット

	メリット	デメリット
自宅	● 住み慣れた家で、家族と最期を過ごすことができる ● 本人と家族が気を遣わず、自由に生活できる ● 家族が毎日会うことができる	● 常には医師や看護師がいない ● 本人のケアを家族が主体として行う必要がある ● 家族の精神的・肉体的負担が大きくなることもある
病院や介護施設	● 医師、看護師、介護士などが常駐し、支援してくれる ● 家族が身のまわりの世話をしなくてよい ● 家族の精神的・肉体的負担は比較的少ない	● 面会に制限があることもある ● 病院・施設のルールがあり、自宅のようには自由に過ごせない ● 急変時に駆けつけられない場合がある

6
葬儀やお墓について考えよう

　葬儀やお墓への考え方は、都市部への人口一極集中化や核家族化を背景とした生活様式の変化により多様化しています。そのため、**葬儀の規模や形式、埋葬する場所**など、具体的に考える場面になると、家族や親戚間で意見がまとまらず、トラブルになってしまうこともあります。できれば生前のゆとりがあるうちに、本人の希望を確認しておくことが重要です。

 死亡後は意外と慌ただしい

　病院や介護施設で亡くなった場合、慌ただしく**移動場所の確保**に迫られます。

　前もって葬儀の意向が確認できていて、**互助会**（加入者が毎月一定額の掛金を前払金として払い込むことで葬儀等の儀式に対するサービスが受けられるシステム）等への加入などがわかっていればスムーズに進めることができます。

 葬儀費用

- 民法の改正により、2019年7月から葬儀費用等を賄うことができる**預貯金仮払い制度**が開始されました。
- 亡くなった本人の1つの金融機関窓口で**150万円を上限**に引き出すことが可能になりました。活用方法や留意点を調べてみるとよいでしょう。

お墓や供養は早めに確認しよう

　入るお墓がある場合は、本人から希望を聞き、家族間で共有しておきましょう。お墓を新しく用意する場合は、**お墓の継承者**や**場所**、**維持管理の費用**についても検討が必要となります。継承者の居住地域からお墓が遠い場合は、お墓参りができない、管理が難しいなど将来的に負担になることもあります。生前墓や希望するお墓など、前もって確認しておくことが大切です。

 ## 改葬

- お墓の整理を希望する場合は、**改葬や墓じまい**を選ぶ人も増えています。
- 改葬は**お墓の引越し**です。役所と関係機関で必要な手続きを行い墓じまいをした後、新たにお墓を建てたり、納骨堂や永代供養墓など遺骨を納め直したりします。

 ## 墓じまい

- 墓じまいは墓石を撤去し、墓所を更地にして使用権を返還する**遺骨の引越し**です。遺骨を収める場所がなくなるので、散骨や樹木葬、納骨堂、手元供養など遺骨の行き先が必要となります。
- 時間がかかる場合もありますので、整理を検討する場合は、親族や家族とも話し合いを行い、必要な手続きを経て進めましょう。

葬儀についての確認事項の例

- 葬儀の実施の有無
- 宗派や宗教（仏教式、神道式、キリスト教式、その他）
- 菩提寺の名称、連絡先
- 戒名・法名・法号（すでにある、つけてほしい、不要など）
- どんな葬儀にしたいか（規模など）
- どこで葬儀を行いたいか（互助会の加入の有無）
- 遺影写真の希望、香典やお花（受け取るか、辞退するか）
- 参列してほしい人の名簿
- お棺に入れてほしいもの
- 葬儀の費用（預貯金、生命保険、家族に任せる、その他）

お墓についての確認事項の例

- お墓がある場合は、入りたいお墓の希望、納骨場所の寺院名、所在地、連絡先
- お墓を持っていない場合は、墓地、霊園等の希望
- お墓（墓地・墓石の購入）の費用（預貯金、生命保険など）
- 墓地の使用権者、継承者
- 墓地のお手入れの方法
- 住んでいる地域や家庭でのお盆の慣習

ワンポイントメッセージ

　　最近は「一人娘なので自分の代で整理したい」「お墓が遠方にあり、お墓参りができないため、近くへ移したい」という話を聞きます。もしお墓参りが難しい場合は、有償の**墓参り代行サービス**などの利用を検討してはどうでしょう。石材店やタクシー会社、代行業者が家族の代わりに墓参りや清掃を行い、様子をメールなどで報告してくれます。

おわりに

　最後までお読みいただきありがとうございました。

　原稿を書きはじめた 2022 年頃に、エーザイのアルツハイマー病の新薬（レカネマブ）が第 3 相試験で、主要評価項目を達成したことが報道されました（2023 年 3 月現在承認申請中）。しかしながら、その効果はそれほど高くなく、アルツハイマー病（軽度認知障害から軽度の認知症の方）の進行を約 27％遅らせるというものでした。私もこの治療薬に期待していた 1 人ですが「認知症が治る」という時代はまだかなり先のことかもしれません。そう考えると、「認知症とともに生きる」ことが、これからも大切なのだろうと思います。

　私が診療のなかで、「認知症とともに生きる」ことがうまいと思う家族に共通するのは、

1) **本人への感謝や敬意を家族がもっている**
2) **認知症について正しい知識を家族がもっている**
3) **頑張りすぎず、頼れるものに頼っている**

　ということです。2)、3) は本書でもお伝えしましたが、1) の本人への感謝や敬意を家族がもつことができるかは、その人次第のところもあります。もちろん、家族によって事情があるとは思いますが、「まかぬ種は生えぬ」ですから、日頃から家族を大切にする意識をもつとよいかもしれません。

　そして、本書では、認知症について知ることとともに、「準備をしておくこと」「話し合うこと」が大切ということもお伝えしました。読み終えた後に、家族との会話で、認知症のことが話題の一つになってくれたら幸いです。

　最後に、執筆にご協力いただいた関係者各位のみなさま、これまでご指導いただいた先生方、本書の執筆依頼をくださった中央法規出版様のご尽力に感謝申し上げます。

2023 年 3 月

相生山ほのぼのメモリークリニック　院長

松永　慎史

編著者紹介

松永　慎史

相生山ほのぼのメモリークリニック院長。2007 年藤田医科大学医学部卒業。2014 年藤田医科大学医学部・精神神経科・講師、2018年藤田医科大学医学部・認知症・高齢診療科（内科）・講師を経て、2020 年より現職。医学博士・認知症専門医・老年精神専門医。認知症と高齢者の内科・精神疾患の診療が専門でありながら、一般的な内科疾患や心療内科の診療も行い、地域のかかりつけ医としての役割も担っている。

● Part 1 第 1 節、第 2 節 4、Part 2、Part 3 第 1 節、Part 4 第 1 節、第 2 節

執筆者紹介

中井　幸子

相生山ほのぼのメモリークリニック　社会福祉士・精神保健福祉士
● Part 1 第 2 節 1　2　3　5、Part 3 第 2 節、Part 4 第 3 節

齋木　由佳

藤田医科大学病院看護部　認知症看護認定看護師
● Part 3 第 1 節

家族のための　はじめての認知症ガイド

専門医がゼロから教える病気・介護・サービス

2023 年 4 月 20 日　発行

編　著 ⋯⋯ 松永慎史
発行者 ⋯⋯ 荘村明彦
発行所 ⋯⋯ 中央法規出版株式会社
　　　　　〒110-0016　東京都台東区台東 3-29-1　中央法規ビル
　　　　　TEL 03-6387-3196
　　　　　https://www.chuohoki.co.jp/

本文・装丁デザイン ⋯⋯ 鈴木大輔・仲條世菜（ソウルデザイン）
本文・装丁イラスト ⋯⋯ うてのての
印刷・製本 ⋯⋯⋯⋯⋯⋯ 株式会社ルナテック